Salvador Dalí

Salvador Dalí
El arte de escandalizar

Antonio María Flórez Rodríguez

Flórez Rodríguez, Antonio María, 1959-
Salvador Dalí / Antonio María Flórez Rodríguez. — Bogotá:
Panamericana Editorial, 2004.
144 p. ; 21 cm. — (Personajes)
ISBN 958-30-1433-8
1. Pintores españoles – Biografías 2. Dalí, Salvador, 1904-1989 I. Tít. II. Serie
927.5 cd 20 ed.
AHW6175

CEP-Banco de la República-Biblioteca Luis Ángel Arango

Editor
Panamericana Editorial Ltda.

Dirección editorial
Conrado Zuluaga

Edición
Javier R. Mahecha López

Diseño, diagramación e investigación gráfica
Editorial El Malpensante

Cubierta: Salvador Dalí, *circa* 1965. Hulton • Getty Images

Primera edición, octubre de 2004

Calle 12 N° 34-20, Tels.: 3603077–2770100
Fax: (57 1) 2373805

Correo electrónico: panaedit@panamericanaeditorial.com
www.panamericanaeditorial.com
Bogotá D. C., Colombia

ISBN 958-30-1433-8

Impreso por Panamericana Formas e Impresos S.A.
Calle 65 N° 95-28, Tels.: 4302110–4300355, Fax: (57 1) 2763008
Quien sólo actúa como impresor.

Impreso en Colombia
Printed in Colombia

"La única diferencia entre un loco y yo, es que yo no estoy loco".

Salvador Dalí

Rastreando el pasado

Podríamos decir que todo en la vida de Dalí, o casi todo, es exageración, leyenda, como sus ancestros, que él no duda en aseverar que son árabes, emparentados con el famoso pirata del siglo XVI Dalí Mamí, a quien se le atribuyen las dudosas hazañas de haber combatido victorioso a los turcos y de haber sido el responsable del cautiverio del autor del *Quijote* en Argelia. Así lo afirma tajante en su conocida obra *Vida secreta*: "En mi árbol genealógico, mi linaje árabe, remontando hasta el tiempo de Cervantes, ha sido casi definitivamente establecido". "De esos orígenes... procede mi amor por todo lo dorado y excesivo, mi pasión por el lujo".

Si bien no es clara su relación con el mítico pirata, sí parece claro el origen de su apellido. En efecto, éste parece proceder del norte de África. Existe un sustantivo árabe que ha dejado algunos vestigios en el catalán arcaico que se hablaba en las riberas del río Ebro, *dalí*, con el que se nombraba el bastón fuerte y grueso que llevaba el *daliner*, que era el jefe de una cuadrilla de hombres que se empleaban para remolcar barcazas con una cuerda desde la orilla. Esta palabra significa *guía* o *líder* en castellano y está emparentada con la palabra catalana *adalil* y con la castellana *adalid*. Lo que quiso ser en su vida el pintor: el líder y salvador del arte moderno.

Los primeros Dalí se establecieron en Llers, un pequeño pueblo del Alto Ampurdán catalán, en el nororiente español, tal vez a principios del siglo xvi. Probablemente eran moriscos conversos, gente humilde, trabajadores. En un acta notarial de 1558 aparece relacionada una persona nombrada como Pere Dalí. Sin embargo, con certeza, el primer antepasado comprobado del pintor es un trabajador de esa localidad llamado Gregori que en 1688 se casó con Sabyne Rottlens.

Pere Dalí Ragué, el tatarabuelo del pintor nacido en Llers en 1780, se estableció como herrero en Cadaqués a principios del siglo xix, donde se casó en 1817, en segundas nupcias, con una joven del lugar llamada Maria Cruanyas. Con ella tuvo tres hijos, el menor nacido en 1822, al que dieron el nombre de Salvador, quien sería el bisabuelo del pintor. Éste a su vez se casó con Francisca Viñas con la que tuvo una turbulenta relación de la que nacieron dos hijos en 1846 y 1849: Aniceto Raimundo Salvador y Gal Josep Salvador. Este último, a la edad de veinte años, se fue a vivir con Teresa Cusí Marcó, una mujer separada, cinco años mayor que él, y que tenía una hija de seis años. Gal fue un próspero fabricante de tapones de madera y corcho, a la vez que transportador y, quizás, contrabandista. El 25 de octubre de 1872 Teresa dio a luz a un niño al que pusieron Salvador Rafael Aniceto, el padre del pintor, y al que siguió Rafael Narciso en 1874.

En 1881 Gal se mudó a Barcelona, porque lo afectaba mucho la tramontana pero también por el inicio de los estudios de bachillerato de sus hijos. Vivió allá los años dorados de la llamada "fiebre del oro" y, como todo el mundo de la época, se dedicó a especular en la bolsa y estableció excelentes relaciones con la clase alta catalana, especialmente con la familia Serraclara, y emparentó con uno de sus miembros, Joseph Maria, que se casó con su hijastra Catalina Berta. Pero en 1886 la Lonja se vino a pique y Gal quedó prácticamente arruinado, situación que lo condujo al suicidio. Los hijos y la viuda se refugiaron con los Serraclara hasta que aquellos terminaron sus estudios universitarios, y el tema del suicidio de Gal fue considerado tabú por la familia.

El futuro padre del pintor, Salvador Rafael Aniceto Dalí Cusí, estudió derecho en la Universidad de Barcelona y su hermano Rafael, medicina. Eran corpulentos y apasionados, muy interesados por los temas políticos y religiosos, de temperamento irascible, que defendían sus convicciones hasta las últimas consecuencias. Ateos, anticlericales, renegaban de la monarquía centralista y abrazaron la causa del federalismo catalán. El pintor heredaría de su padre buena parte de estas convicciones políticas.

Dalí Cusí se graduó como abogado en 1893 y pronto se decidió a ser notario. Después de muchos ires y venires lo logró en abril de 1900, y se posesionó como notario de Figueras en junio de ese año. Se casó a los veintiocho años, el 29 de diciembre de 1900, con su novia Felipa Doménech Ferrés, en Barcelona.

Sobre los Doménech y los Ferrés no se tienen demasiadas noticias. Del abuelo materno del pintor, Anselm, se sabe que murió relativamente joven: tenía cuarenta y siete años. Era importador y viajó con alguna frecuencia a Francia, por asuntos relacionados con la mercería y la pasamanería. De la abuela materna, Maria Anne, se conoce que vivió mucho tiempo y que era una mujer de temperamento sensible, tranquila, y que heredó de su padre un cierto talante artístico, pues se dedicaba a la creación de objetos con estas características, especialmente fabricados en concha; tal vez de aquí proceda un poco la inclinación artística de Salvador Dalí, ya que incluso su abuela tenía grandes dotes para la elaboración de recortables de papel que harían las delicias del pintor y de su hermana Ana María. Huérfana desde los trece años, heredó el negocio familiar situado en una zona tradicional de la judería barcelonesa. Anselm y Maria Anne tuvieron tres hijos: Felipa (1874), Anselm (1877) y Catalina (1884). Dicen sus familiares que la madre de Dalí ayudó durante mucho tiempo a su progenitora en el negocio familiar y que era muy diestra dibujando y haciendo figuritas de cera para sus hijos. Anselm, ahijado del poeta Jacint Verdaguer, se involucró de lleno en la vida artística de Barcelona y después influiría mucho en la vocación del pintor.

Otro Salvador

Al poco tiempo de casarse los Dalí-Doménech, ya instalados en Figueras, Felipa quedó en embarazo. Vivían en un apartamento del número 20 de la calle Monturiol, en cuya planta baja el notario tenía su despacho. El primer hijo de la pareja nació el 12 de octubre de 1901 y lo bautizaron Salvador Galo Anselmo, en homenaje a varios de sus ascendientes. Pero este vástago muere el 1 de agosto de 1903, cuando apenas contaba con veintidós meses de edad. El certificado de defunción reza que su muerte se debió a un "catarro gastroentérico infeccioso". El niño era la adoración del joven matrimonio.

El 11 de mayo de 1904, nueve meses y diez días después de la muerte de su hermano, nace el segundo Salvador, a las 8:45 p.m., en la propia vivienda familiar. El 20 de mayo siguiente es bautizado en la parroquia de Figueras con el nombre de Salvador Felipe Jacinto. Fueron padrinos su tío, Anselm Doménech, y su abuela paterna, Teresa Cusí.

En su celebrada autobiografía, *Vida secreta*, Salvador Dalí confiesa que su hermano murió cuando tenía siete años debido a una meningitis, y que él nació tres años después. Nada cierto. Estos datos erróneos tienen la intención de confundir y ocultar datos importantes de su vida o, tal vez, de crear zonas oscuras sobre ella, con el ánimo de ir generando el mito que tanto se esforzó en cultivar durante toda su vida.

Sin duda alguna este hermano muerto influiría sobremanera en la vida del futuro pintor. En *Confesiones inconfesables* Dalí afirmó que sus padres cometieron "un crimen subconsciente" al obligarlo a vivir con un ideal imposible. En 1973 escribió: "Al nacer me puse a caminar sobre los pasos de un muerto adorado, a quien se continuó amando a través de mí, tal vez más aún. Yo nací doble, con un hermano de más al que tuve que matar para ocupar mi propio lugar, y obtener el derecho a mi propia muerte".

Desterrado del paraíso uterino

En muchos de sus escritos y declaraciones Dalí hizo alusión a su llegada al mundo con tal grado de precisión que parecería que hubiera presenciado su propio nacimiento: "Todo aquello está fresco en mi memoria como si hubiera sucedido ayer". El día de su nacimiento implicó para el pintor el destierro del "paraíso intrauterino", en una clara alusión a las teorías freudianas que tanto lo marcarían ideológicamente. Pero también significó el inicio de una cosmovisión megalomaníaca de su papel en el mundo: "Que suenen todas las campanas, que el campesino inclinado sobre su tierra enderece su espalda encorvada como un olivo abatido por la tramontana, que apoye su mejilla en el hueco de su mano callosa, en una noble actitud de meditación. Mirad, Salvador Dalí acaba de nacer".

Según el pintor, su libro *Vida secreta* debería haberse titulado *Mi propia matriz.* Con ello quiso destacar la fuerte influencia que en él ejerció el psicoanálisis. Otto Rank le imbuyó la idea de que el nacimiento se asimilaba a un trauma del edén perdido, de que su llegada al mundo significaba el doloroso tránsito de un vientre cerrado, cálido, pacífico y protector a la cruda realidad de un mundo yermo y desapacible. Simpáticamente asemejó esa situación de ajenidad paradisíaca con unos huevos fritos en una sartén, pero sin sartén.

En palabras de Alberto Perrone, el pintor

era épico, gloriosamente desterrado en el mismo instante de nacer y exaltaba así su condición de incurable pecador. ¿Quiénes, sino ellos, los pecadores, son exiliados del paraíso de la religión, que cantó el inmortal lírico italiano Dante? Y como se proponía ser inmortal, Dalí, el feto pecador, fue consecuente con su actitud transgresora y buscó otras expulsiones y destierros, menos bíblicas, menos poéticas, más terrenales, que le produjeron grandes réditos económicos y de imagen. "Feliz el que recibe a sus puertas la llamada del escándalo", diría.

Infancia en Figueras

La mayor parte de su infancia Dalí la pasó en la calle Monturiol, en una casa amplia, con un jardín cercano y una amplia galería desde la que se observaba la llanura del Empordá y la cordillera costera de Sant Pere de Roda. Ana María, la hermana del pintor, la describiría con detalle en sus memorias. Estaba adornada con macetas de lirios y olorosos nardos; en un extremo una pajarera en la que la madre criaba canarios y palomas. Los castaños del jardín llegaban hasta el balcón, lo que le daba gran intimidad. El jardín, que pertenecía a una marquesa de la Torre, en las noches era un lugar mágico y en el día "era puramente impresionista, con pájaros, sombras, flores y vestidos largos".

Como vecinos de edificio, los Dalí tenían a la burguesa familia Matas. Salvador admiraba a una de las hijas, Úrsula, de quien decía era "el arquetipo de la belleza en 1900". En su salón se celebraban alegres tertulias familiares a las que acudía a veces el niño, en las cuales tomaba mate al estilo gaucho, en un barrilito que tenía la imagen de Napoleón. Estas visitas significaban para el futuro pintor sus más altos anhelos en materia social y generaron en él el gusto por el trato con la clase alta. De ahí nació su admiración por el emperador francés: "También yo sorbía aquel líquido caliente, a mi paladar, más dulce que la miel, esa miel que es, en sí, más dulce que la sangre... Mi anclaje en el mundo sucedía, pues, a través de la triunfante vía oral y yo quería sorber los fluidos de Napoleón... que se corporizaba en la misma yerba mate".

En la vida de los niños Dalí ejercen una gran influencia la abuela y el aya de ambos, Llúcia Gispert. Las recuerdan como "dos ancianas limpísimas, con los más blancos cabellos y el más delicado y arrugado cutis que haya visto nunca". De ambas apreciaban su ternura y los relatos y canciones que les dedicaban para dormirlos y entretenerlos, al calor del fuego de una chimenea. Dalí exaltará la vejez por la imagen perenne que dejaron en su infancia aquellas viejecitas.

Relata su hermana Ana María que Salvador hizo sus primeros dibujos en una mesa, rascando la pintura roja de la misma y dejando al descubierto la blanca que había debajo: lograba patos y cisnes de extrañas formas. Su madre hizo popular una frase para dar a entender la voluntad y tozudez de su hijo: "Cuando dice que dibujará un cisne, dibuja un cisne; y cuando dice que será un pato, es un pato...".

Salvador Dalí es un caso patético de niño malcriado, tal vez debido a la sobreprotección que le brindó toda su familia, razonada en un cierto grado por la inculpación que se hicieran por la muerte del primer hermano. Los mimos de sus padres eran de tal alcance que su madre le decía amorosamente todos los días cuando despertaba: "¿Qué quieres, corazón? Corazón, ¿qué deseas?". Todo esto hizo que el niño se volviera manipulador y caprichoso. A los ocho años, urgido por su padre a que dejara de orinarse en la cama, y ofreciéndole como premio un hermoso triciclo rojo, Dalí se preguntaba por las mañanas: "¿El triciclo o mearme en la cama?", y después de pensar un poco, decidía empapar las sábanas con sus orines, humillando infamemente a su padre. Igual hacía a veces con sus excrementos, jugando un macabro juego de depositarlos en cualquier parte de la casa y poner a toda su familia a localizarlos. Esa política de satisfacer todos sus deseos tuvo consecuencias nefastas en su desarrollo psíquico y afectivo. Era terco como una mula y se sentía el indiscutido rey de la casa, hasta que llegó su hermana Ana María en enero de 1908.

En 1910, cuando se anunció el paso del cometa Halley, salió corriendo pensando que el fenómeno se estaba produciendo en ese preciso momento; por su camino se cruzó su hermana Ana María, que gateaba por ahí, se tropezó con ella y le propinó una patada en la cabeza. Su padre lo castigó severamente por ello. Tal vez fuera la expresión de la desazón y el resentimiento que produjo en él el nacimiento de su hermana, que entró a competir con él por los afectos familiares.

Desde muy pequeño desarrolló una gran afición por el cine. Su madre organizaba funciones de películas en casa en un rudimentario aparato de proyección. Películas de Charlot, Max Linder y en especial dos que gustaban mucho a Salvador: *El estudiante enamorado* y *La toma de Port Arthur*, eran las cintas habituales.

"Cuando yo tenía siete años mi padre decidió llevarme a la escuela", así lo afirma Dalí en sus escritos (aunque la verdad es que sólo tenía cuatro años). Y lo llevó a la escuela pública para ser alumno de Esteban Trayter, un díscolo profesor de luengas y estrambóticas barbas, malgeniado, culto, buen dibujante, francófilo y librepensador. En 1952, en uno de sus escritos, Dalí califica a su primer profesor como ateo militante: "Cuando yo era muy pequeño, Trayter... lo único que me enseñó fue que 'Dios no existe' y que 'la religión era cuestión de mujeres'. A pesar de mi escasa edad, esta idea me seducía. Se me antojaba de una autenticidad resplandeciente. Tenía ocasión de comprobarla a diario en mi familia, donde únicamente las mujeres frecuentaban la iglesia, mientras que mi padre se negaba a hacerlo proclamándose librepensador", tal como lo relata en *Diario de un genio*. Ambos hicieron muy buenas migas y Trayter solía invitar al pequeño Dalí a su casa para que jugara y explorara su maravilloso estudio, "el más misterioso de todos los que se apiñan en mi memoria".

En su celebrado *Diario de un genio,* Dalí se refiere a su condición de estudiante y su afán enfermizo por conocer en profundidad los temas que le interesaban: "Nunca supe ser un alumno mediocre. A veces, parecía negado a toda enseñanza, dando muestras de la inteligencia más obtusa, y otras me lanzaba al estudio con un frenesí, una paciencia y una voluntad de aprender que desconcertaban a todo el mundo". Y abunda un poco más adelante:

> Pero, en esa época de mi infancia, cuando mi espíritu se afanaba por saber, yo no encontraba en la biblioteca de mi padre otra cosa que libros ateos. Hojeándolos, aprendí con todo celo, sin dejar prueba alguna al azar, que Dios no existe. Cuando descubrí a Nietzsche por primera vez, quedé profundamente atónito. Vi que

tenía la audacia de afirmar en letras de molde: "¡Dios ha muerto!". ¿Cómo se explicaba eso? ¡Había estado aprendiendo que Dios no existía, y ahora alguien me participaba su defunción!... El día de mi primera lectura de *Así habló Zaratustra*, me formé ya mi concepto de Nietzsche. ¡Se trataba de un hombre débil, que había tenido la debilidad de volverse loco! Estas reflexiones me proporcionaron los elementos de mi primera consigna, aquella que debería convertirse, andando el tiempo, en el lema de mi vida: ... La única diferencia entre un loco y yo, es que yo no estoy loco...

No obstante ser muy tímido, enfermizamente vergonzoso en ocasiones, le gustaba sobremanera llamar la atención, estar en la mira de la gente. A su timidez extrema la llamaba "vergüenza mortal", "vergüenza insuperable" que le impedía mantener relaciones normales con sus compañeros y fue factor importantísimo en el moldeado de su personalidad. En la escuela se cuenta la anécdota de que una vez cayó por una escalera y llamó poderosamente la atención de sus compañeros, con la lógica satisfacción para el divismo daliniano. Repitió esta acción durante muchas jornadas, hasta el punto de que sus condiscípulos se preguntaban: ¿se tira hoy Dalí? En su afán de protagonismo, solía cambiar monedas de mayor denominación por otras de menor valor, lo que provocaba enormes desórdenes en el colegio cuando alguien gritaba: "¡Que Dalí va a cambiar!". En otros ámbitos era de una gran torpeza: era una verdadera calamidad para la ortografía, hasta el punto de que su padre una vez que le leyó la palabra *revolución* escrita como *rreboluchion* lo calificó de burro y predijo que su hijo pasaría su vida en la extrema miseria. De inmediato le contrató un profesor particular.

En 1910 Dalí es matriculado en el Colegio Hispano-Francés de Figueras, de corte lasallista. No hay muchos datos de esta época, pero sí se sabe que estudió dibujo con un profesor que le recomendaba a sus alumnos "pintarlos bien, pintar bien, en general, consiste en no sobrepasar la línea".

A comienzos de julio de 1912, los Dalí se trasladan a una casa nueva, que ocupa el último piso de un elegante edificio en el número 24 de la misma calle Monturiol. Allí había dos lavaderos empleados como trasteros, que pronto Salvador empezó a usar como estudio. El muchacho ponía una silla dentro de la pila, y la tabla de lavar, colocada horizontalmente encima, hacía las veces de mesa de trabajo. Se dice que cuando hacía mucho calor, se desnudaba, abría el grifo y se sentaba allí a dibujar, con el agua llegándole hasta la cintura. Allí pintó, pues, sus primeros cuadros, entre ellos cinco paisajes sin fecha (tal vez 1913 ó 1914), que son los más antiguos conocidos de él.

La artística familia Pichot, muy amiga de los Dalí, tenía en Figueras una casa laberíntica con un jardín evocador. A ella acudía el pequeño artista en cierne con mucha frecuencia, porque "era uno de los lugares más maravillosos de mi infancia". Los Pichot tenían, además, una casa de campo en la playa de Cadaqués: Es Llané. El lugar estaba circundado por huertas y olivares y lo atravesaban senderos que subían a las colinas, y más allá había un sinnúmero de calas, grutas y acantilados "en un grandioso delirio geológico", como lo era el cabo de Creus. Los Pichot eran artistas, bohemios, cosmopolitas y extravagantes y se codeaban con lo mejor de la intelectualidad de la época, entre ellos Pablo Picasso, que los visitó en alguna ocasión. Ramón Pichot, el pintor, influyó mucho en la obra inicial de Dalí. En aquella casa le montaron un pequeño estudio en el desván de la torre, donde descubrió una magnífica muleta que desde entonces se convirtió en uno de sus objetos fetiche, tal como lo relata en *Vida secreta*: "Inmediatamente tomé posesión de la muleta y sentí que ya nunca en mi vida podría separarme de ella, tal era el fanatismo fetichista que se apoderó de mí desde el primer momento, sin que pudiera explicarlo". En muchos de sus cuadros aparecerá repetidamente este objeto manteniendo en pie personajes y figuras, que sin su eficaz apoyo tendrían la inconsistencia de un molusco.

En el libro escrito por su hermana Ana María, *Salvador Dalí visto por su hermana* (1949), ella relata otra graciosa anécdota sobre la capacidad de observación del infante. Su padre acababa de recibir una importante suma de dinero en billetes, todos ellos de veinticinco pesetas. Entre ellos había uno falso y Salvador padre le preguntó a su hijo si sabría encontrarlo. De inmediato empezó a mirarlos uno tras otro, hasta que llegó a uno que señaló con contundencia como el falso. En efecto, así era, lo que produjo gran admiración debido a que era bastante difícil distinguirlo. Esto se explica por su enorme capacidad de observación, que luego sería uno de sus mayores atributos como artista.

El Dalí que identificamos de esta época es un mozuelo muy sugestionable, soñador, tímido en extremo, muy torpe, al que algunas operaciones mecánicas le suponían grandes esfuerzos o dificultades insuperables y que además confundía en un solo ámbito la fantasía y la realidad. Sin embargo, eran innegables sus dotes artísticas, porque incluso mostró tempranamente su vena literaria, ya patente en este su primer relato escrito en la infancia: "Una noche a finales de junio, un niño se pasea con su madre. Llueven estrellas fugaces. El niño recoge una y la lleva en las palmas de las manos. Llega a su casa, la deposita sobre la mesa y la aprisiona adentro de un vaso puesto al revés. Por la mañana, al levantarse, deja escapar un grito de horror: un gusano, durante la noche, ha roído su estrella".

Adolescencia excéntrica

A los doce años, en junio de 1916, Salvador aprueba el examen de ingreso al instituto y se inicia una nueva etapa en su vida. Para convalecer de las tensiones que le produjo este examen se va de vacaciones a la casa de campo de los Pichot, el Molí de la Torre, a orillas del río Manol. Allí conoce a Julia, hija adoptiva de los Pichot, cuyo cuerpo florecido de dieciséis años sabe prender el fuego de las pasiones del púber Dalí. Juega y charla con ella, la mira a hurtadillas, la vigila y, a veces, se atreve a tocarla; pero al descubrir que ella tiene otro enamorado se "pone como la grana en la oscuridad" y se desencanta de la bella joven.

Pero es la contemplación de los cuadros de Ramón Pichot lo que verdaderamente desboca sus sentidos y lo pone en contacto con lo que él llama "una teoría antiacadémica y revolucionaria". Escribe en *Vida secreta*:

> Estos desayunos fueron mi descubrimiento del impresionismo francés, la escuela de pintura que ha hecho en mí realmente la más profunda impresión en mi vida... No tenía bastantes ojos para ver todo lo que quería ver en esas gruesas y amorfas manchas de pintura, que parecían salpicar la tela como por azar, del modo más caprichoso y descuidado... Exprimí de esas pinturas todo el residuo literario de 1900, cuyo erotismo quemaba profundamente mi garganta como un sorbo de Armagnac atragantado...

Impactado por todas estas emociones, se dedicó a pintar con energía, ya que quería convertirse en pintor impresionista. Pintaba gansos, árboles, montañas, nubes y puestas de sol, y experimentaba con los pinceles y el color: "Ahora sé lo que hay que hacer para ser impresionista. Hay que usar el cadmio para los lugares que toca el sol. Para la sombra, malva y azul, sin aguarrás y una gruesa capa de pintura; las pinceladas deben ser hacia arriba y hacia abajo, y hacia los lados para el cielo...".

Aparte de matricularlo en el instituto de Figueras, su padre lo matriculó también en el colegio de los hermanos maristas para complementar las lecciones del primer grado. Los resultados de su primer año fueron bastante satisfactorios, al igual que los del resto de los cursos del bachillerato. El instituto contaba con un excelente profesor de dibujo, el malagueño Juan Núñez, formado en la Real Academia de Madrid, hombre carismático, que tenía una gran vocación por la docencia. Se hizo profesor también de la Escuela Municipal de Dibujo, adonde igualmente inscribió el padre al joven Dalí. Núñez fue su profesor durante seis años y aquél siempre agradeció sus aportes y deferencias: "Salía siempre de la casa del señor Núñez estimulado en el más alto grado, sofocadas mis mejillas por las mayores ambiciones artísticas".

Su proverbial timidez se acentuó en esta etapa de la vida, tal como lo reconoce en sus escritos: "Soy el mismo ser que aquel adolescente que no se atrevía a cruzar la calle o la terraza de casa de sus padres, hasta tal punto le dominaba la vergüenza. Me sonrojaba de tal manera al advertir la presencia de caballeros o damas a quienes consideraba extremadamente elegantes que, con mucha frecuencia, me sentía presa de un enorme atolondramiento y estaba a punto de desfallecer". Y para superarla o evadirla desarrolló un sinfín de estrategias; es así como cuando le preguntaban en clase fingía un ataque para enmascarar su vergüenza, se tapaba el cuerpo como protegiéndose de un inexistente peligro o se desmayaba sobre el pupitre. Pero también tenía algunas fobias que lo marcaron horriblemente, como la que sentía por las langostas.

Durante el otoño de 1918, ya finalizada la Primera Guerra Mundial y establecido un nuevo orden internacional, Dalí y cuatro de sus amigos (Joan Xirau, Joan Turró, Ramón Reig y Jaume Miravitles) decidieron lanzar una revista estudiantil a la que bautizaron *Studium*, con recursos aportados por el padre de Xirau. En la revista Dalí escribió en cada número artículos sobre grandes pintores (Goya, Durero, El Greco, Velásquez, Da Vinci, Miguel Ángel) e hizo varias ilustraciones, incluida la viñeta del título; aparte de eso publicó sus primeros textos poéticos, "Capvespre" y "Divagacions": "Los reflejos de un lago.../ Un campanario romántico.../ La quietud de la tarde/ que muere... El misterio/ de la noche cercana... todo/ se muere y difumina".

Ese diciembre, antes de salir la revista, Dalí expuso con Bonaterra y Montoriol en los salones de la Societat de Concerts. Las críticas fueron sumamente favorables, lo que agradó enormemente a la familia. El *Empordá Federal* dirá: "... lo que revelan las pinturas expuestas... es ya *algo grande* en el sentido artístico... La persona que siente la luz como Dalí Doménech, que vibra ante la elegancia innata de ese pescador, que a los dieciséis años se arriesga con las azucaradas y cálidas pinceladas de *El bebedor*... es ya esa clase de artista que marcará un auténtico hito y que pintará cuadros excelentes...: Salvador Dalí será un gran pintor".

Los Dalí, padre e hijo, se solían enfrascar en largas discusiones filosóficas, religiosas y políticas, mientras las mujeres de la casa los escuchaban en venerable silencio. Amantes ambos de los libros y de las ideas revolucionarias, leían con fruición los muchos ejemplares de la voluminosa biblioteca hogareña. Dice el pintor en cierne que la obra que más lo influyó fue el *Diccionario filosófico* de Voltaire, a la que siguió en importancia *Así habló Zaratustra* de Nietzsche. También leyó a Kant y a Spinoza. El afán de salir victorioso de estos enfrentamientos verbales e intelectuales agudizó la tendencia de Dalí a dogmatizar, rasgo que más tarde se convertiría en destacado componente de su personaje público. Pero ellos también reflejan la profunda admiración del hijo por su padre al aceptar esos duelos en los que ya muchas veces sale ganador: "La vida de mi padre es digna de Sófocles —escribiría muchos años después el pintor—. Mi padre fue, en efecto, no ya sólo el hombre al que más he admirado, sino también al que más he imitado, sin dejar por eso de hacerle sufrir".

En los años finales del bachillerato, entre 1919 y 1920, Dalí escribió un diario en varios volúmenes, *Mis impresiones y recuerdos íntimos*, aparte de un cuaderno que llamó *Mi vida en este mundo*, un manuscrito incompleto titulado *Ninots* y un cuadernillo de notas sobre sus pinturas. En alguna de estas páginas escribió: "Cuanto más tiempo pasa más cuenta me doy de lo difícil que es el arte; pero cada vez disfruto más, y me gusta más. Sigo admirando a los grandes impresionistas franceses... Continúo sin preocuparme nada del dibujo, del que prescindo totalmente. El color y el sentimiento son las metas a las que dirijo mis esfuerzos...". En otro espacio de ese diario escribirá: "Seré un genio y el mundo me admirará. Tal vez me desprecien y me malinterpreten, pero yo seré un genio, un gran genio, estoy seguro".

Por esta época Dalí era un gañán muy flaco, espigado, de hombros anchos y apuesto. Tenía una gran preocupación por su figura, a la cual empezó a dar su peculiar apariencia externa, así como por "aquello" y por "ellas", como lo muestra este párrafo que transcribimos:

> En tres días terminé de asimilar y digerir a Nietzsche. Finalizada tan opípara comida, sólo me faltaba un solo detalle de la personalidad del filósofo, un último hueso a roer: ¡sus bigotes! ¡Hasta en los bigotes iba yo a superar a Nietzsche! Los míos no serían deprimentes, catastróficos, colmados de música wagneriana y de brumas. Serían afilados, imperialistas, ultrarracionalistas y apuntando hacia el cielo, como el misticismo vertical...

"Aquello" que tanto preocupó a Dalí de adolescente (y en toda su vida) era la masturbación: "Estaba absolutamente atrasado en la cuestión del 'placer solitario', que mis amigos practicaban como hábito regular. Oía sus conversaciones salpicadas de alusiones, eufemismos y sobreentendidos; pero a pesar de mi imaginación era incapaz de comprender exactamente en qué consistía 'aquello' ". Se sabe que Dalí era eyaculador precoz y que tenía grandes dificultades para tener relaciones sexuales "normales" y satisfactorias. Su padre le había inculcado desde muy joven un gran pánico por las enfermedades venéreas (se dice que le dejó un día sobre un escritorio un volumen médico en el que aparecían unas ilustraciones en las que se apreciaban claramente las terribles consecuencias de esas patologías). Es probable que esta sea una de las razones de la problemática daliniana en este campo.

Si bien Dalí se ufanó de alguna experiencia sexualmente ambigua, mostró desde muy temprano un gran interés por "ellas", las mujeres. Hacia 1919 ya frecuentaba a una chica que había conocido en la Escuela de Dibujo. Miradas, carticas y poemas de amor sustentaban la relación. Después conoció a otra chica a la que trató duramente. Pero con la que estableció una relación más seria y de cierta duración fue con Carme Roget. Esta chica alta, rubia, de ojos claros y enormes, dos años mayor que Salvador, era buena nadadora y estudiaba en el colegio de las dominicas francesas y en la Escuela Municipal de Dibujo. Con sus amigos y la amiga de ella, Lola Carré, conformaron un cerrado grupo que se dedicó a disfrutar de la adolescencia, con largas caminatas, charlas inacabables, fantasías y bromas sinfín. Su relación con Carme fue difícil, pues los padres de ella no gustaban del pintor por su dudosa reputación. Incluso se cuenta que una vez el señor Roget, en plena Rambla, golpeó a Carme por su relación con el artista. El concepto que tuvo Dalí de esta relación es ambiguo, porque una cosa es lo que consigna en sus diarios y otra lo que hizo después de la ruptura y lo que dijo Carme muchos años después. Mientras ella se siente orgullosa de los éxitos de su enamorado, él anota en su diario cómo juega con ella, analiza cada uno de sus gestos y sus estados de ánimo de manera fría y "literaria". Escribe: "Después he pensado en todo eso, he visto lo cínico que soy. No estoy enamorado de Carme. No obstante, he fingido estarlo". Sin embargo, también finge sentimientos o, al menos, así lo insinúa, como en este apunte: "Contemplo la puesta de sol en los ojos de Carme, que ahora están totalmente húmedos de emoción".

Dalí viajó a Barcelona a pasar sus vacaciones del verano de 1920 y desde allí le escribió a Carme, pero reconoce que a veces esas cartas son ridículas, hipócritas y exageradas. En una de ellas consignó: "Todo cambia, hasta el modo de pensar, por fin habéis creído en el amor... Yo también he creído en el amor... Pero para mí ha sido muy cruel... Yo siempre me he enamorado de un imposible...". Ella le contesta diciéndole: "Querido Salvador: Tu carta tan larga me ha hecho inmensamente feliz porque me has dicho la razón por la que me quieres, además de otras cosas que necesitaba escuchar. Qué feliz sería cerca de ti, muy cerca, sin nadie que nos escuchara, lejos de esta humanidad estúpida que nos rodea, que nos mira, que nos escucha... y que nos critica, nosotros que quisiéramos pasar inadvertidos, que no se preocupasen de nosotros".

La relación termina cuando el pintor viajó a estudiar a la capital del reino: "Yo era su única novia, y seguimos juntos hasta que se marchó a Madrid. ¡Si sólo éramos unos niños! En aquellos días el amor era distinto, teníamos una relación romántica... Una vez, cuando me besó, yo apenas me di cuenta de lo que había pasado y corrí a decírselo a mis amigas". Carme comprendió que Salvador no era su compañero ideal y rompió la relación, "le dije que no podíamos continuar". Ella se comprometió con un apuesto joven al que Dalí decía despreciar con toda su alma, y así se lo hizo saber a ella. Al perder a la chica a la que no podía amar, a Salvador lo carcomieron los celos y se dedicó por un tiempo a perseguirla por todas partes, a espiarla. Antes de morir, Carme Roget le dijo al historiador Ian Gibson: "El primer amor no se olvida nunca". Es lo más seguro.

Al menos hasta el verano de 1920, Dalí guardó fidelidad al impresionismo; de hecho, ante la muerte de Renoir en diciembre de 1919, escribió que ese debía ser un día de duelo para todos los artistas, para los que aman el arte y se aman a sí mismos. Pero sus afectos por este movimiento tenían los días contados. Desde París, Ramón Pichot le envió una publicación con el *Manifiesto futurista*, textos sobre el movimiento y bastantes ilustraciones de Boccioni, Carrá, Russolo, Balla, Severini y Soffici. Este libro lo convenció de que el futurismo era ya "el límite máximo en el campo de lo accidental y lo fugitivo... el verdadero sucesor del impresionismo".

Pero la adolescencia estaba a punto de terminar. El 6 de febrero de 1921, cuando apenas contaba cuarenta y siete años, falleció en Barcelona la madre del pintor de un cáncer uterino. Dalí sintió que ese había sido el golpe más duro que había sufrido hasta entonces en su vida. Esa pérdida de una persona que él consideraba que "era tan buena que pensaba que su bondad serviría para mí también". Esa pérdida, como mecanismo compensatorio, lo impulsó a conseguir la fama a como diera lugar: "Con los dientes apretados de tanto llorar, me juré que arrebataría a mi madre a la muerte con las espadas de luz que algún día brillarían brutalmente en torno a mi glorioso nombre". Pocos meses después a esta tragedia se agregó la muerte de José Pichot, que también lo sumió en una honda pena.

Estas muertes tan sentidas y algunas lecturas como las de Valle Inclán y Baroja, aparte de las de temas pictóricos sobre futurismo y cubismo, lo prepararon para dar el gran salto a estudiar en Madrid, en la Escuela Especial de Pintura, Escultura y Grabado de la Real Academia de Bellas Artes de San Fernando, tal como lo había decidido su padre, y a empeñarse en lograr la fama que tanto anhelaba y tan seguro estaba de conseguir: "No hay duda de que soy un tipo totalmente histriónico que sólo vive para posar... Soy un *poseur* en mi manera de vestir, de hablar e, incluso, en ciertos casos, en mi manera de pintar".

La Residencia de Estudiantes

En septiembre de 1922 Salvador Dalí llega a Madrid, acompañado de su padre y de su hermana. La familia pretende que el joven ingrese a la Escuela Especial de Pintura, Escultura y Grabado de la Real Academia de San Fernando, pero su atuendo y comportamiento altanero hacen peligrar dicha intención. Va vestido de sombrero de ala ancha y chalina, chaqueta que le llega hasta las rodillas, polainas de cuero, capa que roza el suelo y porta, además, una pipa apagada; su pelo es largo, negrísimo, le llega hasta los hombros, y sus patillas, anchas y abundantes, resaltan su rostro ovalado, de color aceituno; el mozalbete habla poco y adopta un aire de altanera suficiencia. Su conducta y estrafalario atuendo son criticados por la gente en la calle y es visto como un payaso.

Por intermedio e influencia de algunos familiares y amigos Dalí logra ingresar a la prestigiada Residencia de Estudiantes, lugar donde se estaba concentrando lo más promisorio del pensamiento español de la época y que operaría un cambio sustancial en el desarrollo científico, artístico y político del país. Una recomendación del dramaturgo Eduardo Marquina (cuñado de los Pichot) dirigida a Alberto Jiménez Fraud, su director, logra el objetivo de abrirle las puertas de tan prestigiada institución. Por aquel lugar ha pasado lo más granado de la intelectualidad europea dictando conferencias:

Einstein, Curie, Chesterton, Unamuno, Machado y Ortega y Gasset, entre otros. Allí conocerá a Luis Buñuel, que estaba instalado en ella desde el otoño de 1917; a Federico García Lorca, que lo estaba desde 1919; a José Bello y a Cristino Mallo, entre otros futuros artistas destacados.

Para su ingreso a la Academia de San Fernando a Dalí le imponen como tarea hacer una reproducción de un cuadro de Sansovino, titulado *La carrera de Baco*. El joven pintor hace varios intentos, pero sus esfuerzos son vanos porque siempre logra bellas figuras, pero que no corresponden al tamaño exigido. Su familia, ansiosa y preocupada, le brinda todo su apoyo. Llegado el último día del plazo dado, lo obligaron a presentar su desproporcionada obra a examen. Esta es aprobada a pesar de no cumplir con las dimensiones exigidas, pero la perfección de su dibujo la hace merecedora del salvoconducto para formarse en la escuela.

Dalí se muestra a sus compañeros de la Residencia de Estudiantes como un ser tímido, que se ruboriza ante la más banal de las preguntas; timidez que escuda adoptando una actitud altanera e insuflada. Poco práctico, se enreda con las más simples tareas de lo cotidiano. Sumamente influenciable, sobre todo por aquellos que adoptan ante él posiciones extremistas y que las defienden con ahínco; llama la atención su humor sardónico y su absoluto desinterés en esa época por las mujeres. Su personalidad patológica se expresa también por el pavor que siente ante la posibilidad de contraer alguna enfermedad venérea y por su temor a la impotencia sexual. Seguía creyendo en su vocación artística, convicción que había nacido en él desde hacía unos años, cuando afirmó en uno de sus diarios juveniles que un día sería reconocido como genio.

Su solvencia económica, su talento, su capacidad de trabajo y su conocimiento precoz de las más modernas expresiones del arte contemporáneo (ya manejaba la obra de los futuristas, la de Picasso y la de Gris, y había leído en detalle a Nietzsche y estaba empezando a leer a Freud), le generaron no pocos admiradores en la Residencia, así como también algunos detractores. En su *Vida secreta* describe cómo fue descubierto por José Bello y sus amigos y cómo entró a formar parte de su grupo:

> Un día en que me hallaba fuera, la camarera había dejado mi puerta abierta, y Pepín Bello vio, al pasar, mis dos pinturas cubistas. No pudo esperar a divulgar tal descubrimiento a los miembros del grupo. Éstos me conocían de vista y aún me hacían blanco de su cáustico humor. Me llamaban el 'músico', o el 'artista', o el 'polaco'. Mi manera de vestir antieuropea les había hecho juzgarme desfavorablemente... Mi aspecto serio y estudioso, completamente desprovisto de humor, hacíame aparecer a sus sarcásticos ojos como un ser lamentable, estigmatizado por la deficiencia mental... En la época en que conocí al grupo... todos estaban poseídos de un complejo de dandismo combinado con cinismo, que manifestaban con consumada mundanidad. Esto me inspiró al principio tanto pavor, que cada vez que venían a buscarme a mi habitación creía que me iba a desmayar.

A los pocos meses ya Dalí había abandonado su condición díscola del principio y se había convertido en un joven de mundo con los refinamientos del cosmopolitismo. Se peinaba a lo Valentino, escuchaba jazz y tomaba vodka con aceitunas en el Palace o en el Ritz. Era enemigo declarado de la religión y del sentimentalismo y se mostraba en exceso generoso con los recursos ganados por su padre con el trabajo. Su ya amigo y luego famoso director de cine Luis Buñuel, en su autobiografía *Mi último suspiro*, relatará algunas de sus incursiones al Café Pombo, uno de los lugares habituales de tertulia del Madrid de entonces, animados por Ramón Gómez de la Serna, el inventor de las greguerías. Tomaban mucho café y agua y conversaban sin parar, especialmente de literatura y, cuando el tiempo no les alcanzaba, continuaban sus interminables conversaciones caminando por las calles hasta el amanecer, tal como lo pintó en la acuarela *Sueños sonámbulos*.

En marzo de 1923 el rey Alfonso XIII visitó la Academia de San Fernando. Se especula que Dalí, antimonárquico convencido y practicante, quiso ponerle una bomba intimidatoria al rey. No hay plena certeza de ello, pero sí de su intención de boicotear dicha visita. De todas maneras, algunas actuaciones del soberano ganaron la indulgencia del pintor, según él para llamar su atención, con lo que empezó a cambiar su opinión de la monarquía.

Dalí superó su primer año de estudios de manera más que aceptable y pasó sus vacaciones en Figueras. A su regreso a Madrid para iniciar el segundo curso se vio envuelto en un episodio absurdo que le causó la expulsión de la Escuela por un año. La elección fallida de un nuevo profesor de la academia generó una protesta pública y se acusó a Dalí de ser uno de sus líderes. No parece que haya sido cierto, pero, citado ante un tribunal disciplinario, sus respuestas insolentes a algunos de sus miembros le generaron la animadversión de ellos, por lo que se decidió su expulsión.

Dalí regresó a Figueras a estudiar grabado con su admirado profesor Núñez y a pintar con denuedo, y permaneció allí todo el año siguiente. Pero en mayo de 1924 se vio otra vez envuelto en problemas, esta vez por razones políticas. Alfonso XIII visitó la provincia de Gerona y pasó por Figueras. Como medida cautelar, las autoridades decidieron arrestar a algunos posibles agitadores. Dalí y dos amigos comunistas fueron confinados en la cárcel local y luego trasladados a la de Gerona el 30 de mayo, donde permaneció hasta el 11 de junio, cuando fue librado después sin cargos, por orden de un juez militar. En el fondo, la detención del joven se debió a una retaliación contra el notario por algunas de sus opiniones políticas, que no gustaban en absoluto a la dictadura de Primo de Rivera, gobernante en ese momento en España.

Dalí regresó en septiembre de 1924 a Madrid para reanudar sus estudios en la Academia de San Fernando, y se matriculó en las asignaturas que no pudo cursar por su expulsión el año anterior. Se instaló de nuevo en la Residencia de Estudiantes y participó activamente de la vida cultural de la misma y del agitado Madrid de entonces. En esta época, se tiene certeza, es cuando se produce el encuentro cierto de Dalí con la obra de Freud, el creador del psicoanálisis. Se sabe que leyó allí *La interpretación de los sueños* (la contribución más importante de Freud al conocimiento humano). El libro sobre los sueños le pareció "uno de los descubrimientos capitales de mi vida, y se apoderó de mí un verdadero vicio de autointerpretación, no sólo de los sueños, sino de todo lo que me sucedía, por casual que pareciese a primera vista".

En 1924 se publicó en París el *Manifiesto surrealista* de André Breton, que fue juiciosamente analizado por Fernando Vela en la edición de diciembre de la *Revista de Occidente*. Dalí debió leer tal estudio publicado en la revista y es muy probable que por esa época leyera ya el *Manifiesto* en su idioma original y empezara a conocer las ideas del movimiento naciente, tan emparentado con la obra de Freud y que luego sería tan determinante en su propia obra artística.

También en estos meses entra en contacto con la obra del uruguayo muerto en París, Isidore Ducasse, el famoso conde de Lautréamont. Sus *Cantos de Maldoror*, tan venerados por el surrealismo, impactaron la conciencia estética del pintor catalán. Breton, en una conferencia dictada en Barcelona, en 1922 lo tildó como la fuerza más liberadora de la imaginación poética contemporánea: "Para nosotros... no hubo genio que pudiera compararse a Lautréamont", dijo años más tarde. Tanto fue el impacto de la obra de Ducasse en Dalí que éste escribió: "La sombra de *Maldoror* se cernía sobre mi vida".

La Semana Santa de 1925 Dalí invitó a Federico García Lorca a pasarla con su familia en Figueras y Cadaqués, experiencia rica en descubrimientos y en afectos. A su regreso a Madrid se encontró con que Louis Aragon había estado en la

Residencia de Estudiantes dictando una conferencia, mientras él estaba pasando vacaciones. El texto de la charla circuló profusamente y gustó por su tono insolente y su furibundo ataque contra la sociedad occidental: "¡Rebélate, mundo! ¡Mirad cuán seca está la tierra, cuán pronta para el fuego!". Esta visita coincidió con la creación en Madrid de la Sociedad de Artistas Ibéricos, que buscaba un foro de arte moderno en el que los pintores de distintas tendencias pudieran enseñar su obra y sentirse aceptados. El 27 de mayo se hizo el lanzamiento de la primera exposición de este grupo y allí Dalí expuso once cuadros con un éxito rotundo, especialmente con las obras *Retrato de Luis Buñuel*, *Muchacha de espaldas* y *Desnudo femenino*.

Después de una exitosa exposición que hizo en la Galería Dalmau de Barcelona en noviembre, su obsesión fue viajar a París. Y, en efecto, en abril de 1925 llegó a la capital francesa, en compañía de su padre y su hermana. Por recomendación de sus amigos, especialmente de Lorca, visitó al genio malagueño Pablo Picasso. El impacto que se produjeron mutuamente fue grande, máxime en el caso de Dalí. Cuando llegaron al taller del pintor estaba muy emocionado, "como si lo fuera a recibir el Papa". Le dijo: "He venido a verle antes de ir al Louvre" y aquel le respondió: "Hizo usted muy bien". Picasso era una de sus grandes admiraciones. Le mostró dos de sus cuadros, *Muchacha de Figueres* y *Venus y cupidillos*, que le produjeron una grata impresión. Desde ese momento Picasso se dedicó a mostrarle por más de dos horas las obras que tenía en ese momento en su estudio. Salvador calificó esta experiencia como crucial en su vida y de importancia perenne para su obra.

Dalí regresó a Madrid y allí se encontró brevemente con Buñuel y Lorca. Se matriculó como alumno libre en la Escuela Especial. En junio de 1926 presentó los exámenes, pero los resultados no fueron los mejores. Al último de sus exámenes orales, el de historia del arte, materia que dominaba ampliamente y que en los cursos anteriores había obtenido calificaciones sobresalientes, Dalí se presentó vestido con una chaqueta chillona con una gardenia en el ojal, habiéndose tomado una buena copa de ajenjo "para inspirarse". Le correspondió en suerte el tema de Rafael, uno de sus pintores favoritos. Se levantó y le espetó al jurado: "Considerando que el tribunal es incompetente para juzgar mis conocimientos, que creo superiores a los suyos, rechazo el examen y me retiro". Y, en efecto, así lo hizo. La decisión lógica del tribunal fue recomendar su expulsión del centro, la que efectivamente se produjo ese 23 de junio. Dalí convenció a su padre de la injusticia cometida con él y se dedicó a pintar. Muchos años después reconoció: "Cualquier tribunal de profesores, en cualquier país del mundo, habría hecho lo mismo al sentirse insultado. Los motivos de mi acción eran simples: quería terminar con la Escuela de Bellas Artes y la vida de juerga de Madrid de una vez por todas".

Lorca, Buñuel y Dalí

Federico García Lorca, Luis Buñuel y Salvador Dalí son tres de los más grandes exponentes del que ha sido calificado por algunos historiadores como el segundo Siglo de Oro español, el XX. Cada uno de ellos en su campo hizo aportes valiosísimos al arte y la cultura universales, al igual que lo hicieron también Picasso, Miró, Falla, Casals, Gaudí, Alberti, entre otros muchos genios que dio España en esta centuria.

No se sabe con precisión en qué momento se conocieron Dalí y Lorca, pero en todo caso ocurrió a principios de 1923, y su conocimiento mutuo será fundamental para la obra y la vida de ambos. El poeta andaluz se fascinó por el pintor catalán y entre ambos nació una ambigua, fructífera e intensa amistad. Dalí y Buñuel ya habían trabado conocimiento mutuo muchos meses antes de este encuentro con Lorca.

El cineasta en ciernes, en su libro *Mi último suspiro*, narra algunas de sus impresiones de sus primeros encuentros con Dalí. Luis Buñuel, que sería uno de los más grandes directores del cine mundial, nació en la aragonesa localidad de Calanda, famosa por sus tambores. Hijo de un rico empresario, llegó a Madrid en el otoño de 1917 para instalarse en la Residencia de Estudiantes. Rebelde, tozudo e independiente, tenía una gran afición por los deportes, que practicaba a diario; su cuerpo atlético y sus atractivas facciones llamaban poderosamente la atención. Juerguista, trasnochador, aracnofóbico y buen conversador, se ufanaba de visitar asiduamente los más afamados burdeles madrileños. Sus amigos lo llamaban justificadamente, *Tarquino el Soberbio*. ¡Ah!, y también estudiaba o, al menos, eso era lo que hacía creer a sus familiares. En la Universidad de Madrid empezó agronomía, después ingeniería industrial, luego ciencias naturales y entomología, para terminar matriculándose en historia, carrera que terminó a los trompicones en 1924.

Buñuel gustaba mucho de acudir a los cafés literarios, tan de moda en el Madrid de entonces. En uno de esos sitios trabó amistad con los ultraístas, movimiento de vanguardia que agrupaba a figuras de la talla de Guillermo de Torre, Ramón Gómez de la Serna y Jorge Luis Borges, a los cuales adhirió en 1922. Los ultras admiraban a Apollinaire, Reverdy, Cocteau, Picasso, Gris y Marinetti. Francófonos, detestaban el sentimentalismo reinante, postulaban que el arte debía expresar el espíritu de su época, representado por la torre Eiffel, la radio, el cine, los aviones, el telégrafo, música como el *foxtrot* y el *rag time* y las cámaras Kodak: el canto a las máquinas y al progreso.

En la primavera de 1923 Buñuel fundó su Orden de Toledo, a la que inscribió a sus mejores amigos: Dalí, Bello, Moreno Villa, Alberti, Hinojosa y María Luisa González. La única condición para pertenecer a la Orden era amar a Toledo y estar decidido a emborracharse allá una noche entera en que se debía caminar por las empinadas calles de la ciudad. Hasta días antes de marcharse a París, en 1925, Buñuel frecuentó Toledo con sus amigos y muchas veces se hospedaron todos en la casa del historiador Américo Castro.

En Madrid visitaba con sus amigos, especialmente con Dalí, el Café Oriente, cerca de Atocha, y el famoso y elegante Rector's Club del hotel Palace. Allí asistía a conciertos de jazz. Ambos eran fanáticos de esta música. Dalí pintó para uno de estos grupos un telón de fondo que tituló *El paraíso de los negros*, que Lorca luego tomaría como título para uno de sus poemas de *Poeta en Nueva York*. También gustaban del baile, especialmente Dalí, de quien se dice fue un excelente ejecutor del charlestón.

En *Diario de un genio*, Dalí se refiere a sus proyectos cinematográficos con Buñuel, que desarrollarán más tarde cuando ambos ya vivían en la Ciudad Luz, así: "A los veintisiete años, recién llegado a París, realicé, en colaboración con Buñuel, dos filmes que han pasado a la historia: *El perro andaluz* y *La edad de oro*. Después Buñuel trabajó solo y dirigió otros filmes, rindiéndome así el inestimable servicio de revelar al público a quién se debía el aspecto genial y a quién el aspecto primario de *El perro andaluz* y *La edad de oro*". No obstante, el cine de Buñuel fue original, poético, iconoclasta, simbólico e inteligente. Era un cine descriptivo y objetivo que interpretaba la realidad.

Nacido en 1898 en Fuente Vaqueros, un pequeño pueblo de la provincia de Granada, hijo de un rico labrador, Federico García Lorca era uno de los habitantes más carismáticos de la Residencia de Estudiantes. Había llegado en el otoño de 1919, teóricamente para continuar sus estudios en Madrid.

Había publicado ya los libros de versos *Impresiones y paisajes* (1918) y *Libro de poemas* (1921), bien recibido por la crítica madrileña; y estrenado, con fracaso, una obra de teatro, *El maleficio de la mariposa* (1920). Buen conversador como Buñuel, pianista virtuoso, buen dibujante, con un gran don de gentes, se había ganado el afecto y la admiración de sus compañeros de la Residencia, quienes lo consideraban un ser de gran talento. Sin embargo, era homosexual, y eso le generó no pocos problemas y enemigos.

Con Lorca se identificó pronto Dalí, tanto por sus afinidades intelectuales como por sus antagonismos. Gustaban de Rubén Darío y de la poesía francesa, de la música popular, que mamaron durante sus infancias, reprobaban las injusticias sociales y mantenían un "estar" incómodo con sus respectivas sexualidades. Dalí confesaría a Manuel Gasch en una entrevista algunos aspectos de este antagonismo:

> Ante todo debo confesarte la ausencia más absoluta del fenómeno religioso ya desde mis primeros años. Desde entonces no recuerdo la más pequeña inquietud de orden metafísico... La primera época de Madrid, cuando se inicia mi gran amistad con Lorca, se caracteriza ya por el violento antagonismo de su espíritu eminentemente religioso (erótico) y la antirreligiosidad mía (sensual)...

Sobre el impacto que le produjo Lorca al pintor, se refiere en el siguiente párrafo:

> ... por otra parte la personalidad de Federico García Lorca produjo en mí una tremenda impresión. El fenómeno poético en su totalidad y en "carne viva" surgió súbitamente ante mí hecho carne y hueso, confuso, inyectado de sangre, viscoso y sublime, vibrando con un millar de fuegos de artificio y de biología subterránea, como toda materia dotada de la originalidad de su propia forma.

La amistad de Lorca con Dalí se consolidó con el paso del tiempo y se fue transformando en otro tipo de relación cada vez más estrecha y embarazosa para el pintor. Compartieron muchos gustos y disgustos entre ellos y con Buñuel y sus otros amigos de la Residencia. Con éste no compartieron su vinculación con el ultraísmo, pero sí la admiración por el conde de Lautréamont, Freud, Rubén Darío, la vanguardia y las noches de farra madrileña. Lorca se sentía cada vez más fascinado por el pintor y para Dalí la situación era muy complicada. Si bien le halagaban las atenciones del andaluz, se resistía a ser homosexual o tener inclinaciones de este tipo, y si seguía su amistad temía que pudiera sucumbir a sus encantos.

No obstante esos temores, pasaron juntos con otros compañeros unos días en las nieves de Guadarrama y luego, los dos solos, viajaron a Cataluña para pasar con la familia Dalí la Semana Santa. Esos días en Cadaqués fueron inolvidables para Lorca y éste desplegó allí toda su sabiduría de conquistador enamorado para encantar a sus anfitriones. Conoció un sinfín de lugares y de personas, entre ellas a Lidia, la admiradora de Eugenio d'Ors, que le daría las bases a Dalí para crear después, como militante del surrealismo, el método paranoico-crítico. Lorca dio recitales, conciertos, relató anécdotas y leyó dos veces la versión sin estrenar de *Mariana Pineda*, que agradó a todo el mundo.

Como fruto del encantamiento de Lorca por Dalí y como tributo a la amistad de ambos, el primero escribió durante varios meses una oda que finalmente sería publicada en abril de 1926 en la *Revista de Occidente*, que es considerada uno de los más bellos cantos a la amistad escritos en lengua alguna, pero que también es un elogio de su obra pictórica. Lorca admira la simetría, la objetividad y la ausencia de sentimentalismo, que se acerca al ideal clásico de armonía, sobriedad y nitidez. Dalí agradeció sobremanera este bello gesto de amistad y se vio en extremo complacido, sobre todo por la importancia de la revista en que fue publicado el texto y por los ecos del mismo, incluida Francia:

> ¡Oh, Salvador Dalí, de voz aceitunada!
> Digo lo que me dicen tu persona y tus cuadros.
> No alabo tu imperfecto pincel adolescente,
> pero canto la firme dirección de tus flechas.
> [...]
> Pero ante todo canto un común pensamiento
> que nos une en las horas oscuras y doradas.
> No es el Arte la luz que nos ciega los ojos.
> Es primero el amor, la amistad o la esgrima.

Pasó casi un año sin que ambos artistas se vieran, pero tuvieron una frecuente, densa y tórrida correspondencia. A finales de 1925 se inició lo que algunos críticos llaman la "época lorquiana" en la pintura de Dalí. Es una importante serie de cuadros y dibujos donde recurrentemente aparece la cabeza del poeta, muchas veces fundida con la del pintor. También pinta algunos cuadros en los que se tocan temas que los obsesionan ambos y que les permiten enviarse mensajes cómplices. Debemos destacar *Naturaleza muerta (invitación al sueño)*, *Composición con tres figuras (Academia neocubista)*, *Mesa junto al mar*, *Arlequín*, *El gran masturbador* y *La miel es más dulce que la sangre*. En este último están todas las obsesiones que premonizan la entrada del pintor al surrealismo, como lo que él llama "trossos de Cony" y los objetos dispersos, las figuras levitadas, el uso de números y letras, las formas ectoplásmicas, los dedos fálicos, las volutas de humo, los pechos voladores, las manos cortadas, los maniquíes decapitados, los burros podridos y los aparatos. En ellos se ve claramente la influencia de Picasso, Tanguy y Miró, pero también muestran unos toques personalísimos del pintor catalán.

La relación de Lorca y Dalí se fue distanciando poco a poco por muchas razones (tiene muchos enemigos, entre ellos Buñuel, y Dalí teme que dicha relación tan ambigua avance más) y ya sólo las cartas los pondrán al tanto de sus asuntos: "Ahora sé lo que pierdo separándome de ti —le escribe el poeta—... Me he portado como un burro indecente contigo que eres lo mejor que hay para mí. A medida que pasan los minutos lo veo claro y tengo verdadero sentimiento. Pero esto sólo aumenta mi cariño por ti y mi adhesión por tu pensamiento y calidad humana".

Lorca siguió luego una rutilante carrera poética y teatral; vivió un tiempo en Estados Unidos, donde empezó a escribir *Poeta en Nueva York*; viajó por otros países de América y regresó triunfante a España, donde lo cogió la Guerra Civil. Allí el absurdo de las circunstancias terminó con su vida.

Gala

En 1894 nace en Kazán, concretamente el 26 de agosto, Helena Ivánova Diákonova, la llamada por su familia Gala, la que luego sería la musa de Dalí, la mujer que daría sentido a la vida afectiva del pintor y apuntalaría su carrera artística. Esta mujer, diez años mayor que Salvador, hija de un funcionario y de una mujer culta que escribía cuentos infantiles, quedó huérfana a temprana edad. Su madre pasó dificultades para criar a sus cuatro hijos, pero su relación posterior con un rico abogado, apellidado Gomberg, solivió sus penurias. Gala fue una niña enfermosa y enfermiza y debió pasar largas temporadas en sanatorios de Moscú. Gran lectora desde muy joven, especialmente de la literatura francesa, no pudo estudiar en la universidad por su condición de mujer, pero sí lo hizo en un instituto femenino, que le permitió dar más tarde clases particulares a niños en su casa.

A la edad de dieciocho años, en 1912, se desplazó a Davos (Suiza) para someterse a una cura para prevenir la tuberculosis. Estuvo dos años en el sanatorio de Clavadel. Allí conoció al poeta francés Eugéne Grindel, quien luego se haría llamar Paul Éluard, y que fue uno de los más reconocidos militantes del surrealismo. Se hicieron novios y durante la Primera Guerra Mundial se cartearon apasionadamente y en 1916 ella viajó desde Moscú hasta París para casarse con él. Su correspondencia con Éluard muestra a una mujer extremadamente religiosa, obsesionada con la pureza, de temperamento libidinoso, que lucha por controlar su fogosidad sexual: era un volcán erótico a punto de explotar. Sin embargo, llegó virgen al matrimonio.

En mayo de 1918 la pareja tuvo la que sería su única hija, Cécile, fruto de un embarazo no planeado. Mientras Éluard se mostraba como un padre cariñoso, Gala no lo era en absoluto. La niña fue criada prácticamente por la suegra y su relación con la madre fue siempre muy conflictiva.

Paul Éluard pronto empezó a tener reconocimiento como poeta dentro de la vanguardia parisina: colaboró en la revista *Littérature* de Breton, Aragon y Soupault, estuvo en contacto con el dadaísmo y participó en la creación del surrealismo. En este ámbito vanguardista Gala empezó a dar rienda suelta a sus obsesiones sexuales, a llevar un estilo de vida donde las relaciones eran marcadas por el amor libre, juego en el que también participaba el poeta. El buen nivel de ingresos de éste —trabajaba con su padre en una inmobiliaria— les permitió vivir en un ambiente de lujo desenfrenado y promiscuidad sin límites. Gala, seductora irrefrenable, contaba sus amantes por decenas y se preciaba de haber conquistado a personajes de la talla del alemán Max Ernst, que la pintó compulsivamente a mediados de los años veinte *(La belle jardiniére)*. Finalizando la década, la situación económica para Éluard empezó a cambiar, ya que su fortuna declinaba sin remedio; con ello, temía perder a su musa al no poderle costear sus costosos caprichos de toda índole.

En agosto de 1929, atendiendo a una invitación de Dalí y precediendo la llegada de la familia Éluard, habían llegado a Cadaqués los Magritte, Camille Goemans y su novia Ivonne Bernard, quienes se instalaron en un apartamento que habían alquilado para la ocasión. Los Éluard se alojaron en el hotel Miramar y luego se sumó a ellos Luis Buñuel. Dalí tenía mucho interés en conocer a Gala, tal vez porque hubiera visto en París las fotos que habitualmente mostraba Paul de ella y por los comentarios que había escuchado sobre la elegante rusa. Por aquella época Dalí vivía en un estado de permanente privación erótica, remediado solamente por sus costumbres onanistas. Ver a Gala en vestido de baño en la playa de Es Llané lo trastornó. Sus nalgas, sus piernas y sus pechos eran la encarnación de sus sueños más libidinosos.

> Me acerqué a la ventana. Ella ya estaba allí... Gala, la mujer de Éluard. ¡Era ella! ¡Galuchka rediviva! Acababa de reconocerla por su espalda desnuda. Su cuerpo tenía todavía el cutis de una niña. Sus clavículas y los músculos infrarrenales tenían algo de esa súbita tensión atlética de los de un adolescente. Pero la parte inferior de su espalda, en cambio, era sumamente femenina.

Para Dalí, Gala era como Gradiva, "la muchacha de espléndidos andares" de la obra de Jensen. Su caminar brioso, resuelto, conducido por unas piernas esbeltas llamaba la atención. Su rostro era aceitunado, no muy hermoso pero sí agradable cuando sonreía. Su nariz recta, alargada y sus profundos ojos oscuros la hacían ver huraña cuando estaba de mal humor. Ese rostro era a veces agresivo y desagradable; sensual, elegante y fiero y, según Éluard, podía atravesar murallas.

Pronto Gala mostró interés por el pintor y éste, en un torpe y absurdo cortejo de adolescente tímido, hizo locuras que difícilmente hubieran podido interesar a una mujer de las condiciones de la rusa. Dalí, según Buñuel, se mostraba "trastornado", "transfigurado", hasta el punto de que alteró los planes de ambos de trabajar conjuntamente en el guión de una película y sembró la discordia entre ellos. Algunos biógrafos insinúan que Gala, conocedora de las cada vez peores condiciones económicas de su marido y al columbrar el promisorio futuro del artista de Cadaqués, hizo su apuesta de futuro por éste, sin importarle sus complejos y limitaciones sexuales o, quizás, lo único que pretendía era seducirlo para acceder a su obra, especialmente al impactante *El juego lúgubre* que tanto había impresionado a su esposo y demás visitantes.

Lo cierto es que el encaprichamiento de Dalí con Gala pronto llamó la atención de todo el mundo, por lo evidente. Pero en el ámbito ampurdanés de ese entonces, conservador en extremo, relacionarse con una "francesa" tan atractiva y desvergonzada era prácticamente como relacionarse con una prostituta... y si además era casada, pues peor. El padre de Salvador, nada contento con esta situación, trató de convencer a su hijo de que abandonara su aventura con la desvergonzada rusa, pero como no lo logró, acudió, como mejor forma de repudio, a desheredarlo.

Gala regresó a París a finales de septiembre, y Dalí se quedó en Cadaqués pintando desaforadamente para la exposición que haría en Goemans: *Retrato de Paul Éluard, La adecuación del deseo, El gran masturbador, Los placeres iluminados* y *El enigma del deseo*, son algunos de los cuadros de aquella época. Mientras tanto, en Studio 28 se proyectaba, entre octubre y diciembre, *Un perro andaluz*, con un gran éxito de público y de crítica. De inmediato los amigos se pusieron a trabajar en el guión de *La edad de oro*, que en ese momento se llamaba *La bestia andaluza*, en clara alusión burlesca a Lorca.

La exposición en Goemans fue todo un éxito en ventas y de público, aunque la crítica no fue tan generosa como hubiera deseado el pintor. En ella se expuso *El Sagrado Corazón*, sobre el cual escribió la frase "A veces escupo por placer sobre el retrato de mi madre". Pero antes de la inauguración Dalí se escapó unos días con Gala en un idílico viaje de amor por Barcelona y Sitges. Ella regresó a París y él viajó a la casa paterna. Allí fue recibido por su padre, quien ya conocía lo acontecido en la exposición de París; según lo cuenta Buñuel en sus memorias: "El padre abre la puerta bruscamente, indignado, y pone a su hijo en la calle, llamándole miserable". Dalí se cortó el cabello y lo enterró en la playa, dando a significar que se iniciaba una nueva vida para él, y partió hacia Francia sin una sola pertenencia.

El reencuentro de los amantes fue delirante y decidieron de nuevo escaparse. Esta vez fueron hacia el sur de Francia, concretamente a Martigny, un lugar cerca de Marsella. Se instalaron en el Hotel du Chateau en Carry-le-Rouet, donde vivieron un par de meses de "maravillosa iniciación sexual"; mientras, Dalí pinta *El hombre invisible* y Gala lee el tarot. Estando allí se les apareció el vizconde de Noailles para ofrecerle al pintor reemplazar a Goemans, que estaba a punto de quebrar, en el asunto de los pagos que habían acordado meses antes. A cambio de obra futura, el vizconde le adelantó 20 mil francos, con los que Dalí decidió comprar una barraca que tenían en una inhóspita playa frente al mar de Port Lligat los hijos de Lidia, su amiga de Cadaqués. Viajó por mar hasta allí y luego se desplazó a Barcelona a dictar una conferencia que tituló "Posición moral del surrealismo", que ofendió a muchos de los asistentes. Regresaron a París a finales de marzo, e invitados por José María Hinojosa, el poeta y miembro del consejo de redacción de la revista *Litoral*, de nuevo tomaron rumbo hacia el sur en abril, pero esta vez buscando las cálidas tierras de Andalucía.

Recalaron en Torremolinos, por entonces una aldehuela sin turistas, y se hospedaron en El Castillo del Inglés, sito en una colina frente a una cala. Visitaron en Semana Santa Málaga y allí recordaron a Pablo Picasso. Era evidente la complicidad afectiva de la pareja, aunque hay pruebas de que durante este tiempo Gala le enviaba tiernos telegramas a Éluard. Durante este tiempo Dalí siguió trabajando sin descanso en *El hombre invisible* y Gala se veía cada vez más enferma de dolencias ginecológicas que le afectaban profundamente su estado de ánimo. A finales de mayo decidieron regresar a París, vía Madrid.

En el verano se desplazaron de nuevo a Port Lligat, donde se quedaron hasta el otoño en la barraca, que ya era más habitable. En octubre regresaron a París para el estreno de *La edad de oro* y se hospedaron en un apartamento alquilado por Éluard. La película tuvo de inmediato una gran repercusión y generó un escándalo de proporciones mayúsculas por su carácter subversivo.

En el verano de 1931 se agravó el problema ginecológico de Gala, y se le detectó un fibroma. Debió ser sometida a una cirugía, probablemente una histerectomía. Con ello la musa daliniana pasó a ser una mujer estéril y violenta. Este hecho impactó sobremanera al pintor y a Gala la volvió un ser más agrio, despótico y ambicioso. Por esos días Dalí le escribió este poema (fragmento):

> el ombligo parecido al dedo de la mano
> el dedo de la mano parecido a su voz
> su voz parecida al dedo del pie
> [...] la frente parecida a sus muslos
> sus muslos parecidos a las encías
> las piernas parecidas a su clítoris
> su clítoris parecido a su espejo
> su espejo parecido a su andar
> su andar parecido a sus cedros.

París y los surrealistas

Será bastante difícil establecer algún día quién le debe más a quién: si Salvador Dalí al surrealismo o éste a aquél, y, además, qué tanto la obra de Sigmund Freud influyó en la contribución de Dalí al surrealismo. Lo que sí es claro es que la obra de Dalí no hubiera sido sin Freud y el surrealismo no hubiera sido sin primero Freud y luego Dalí... Pero esto que parece un galimatías no es sino la expresión de la interdependencia que existió entre todos ellos.

Como antecedente importante de su adhesión al movimiento, debemos señalar la obsesión temprana de Dalí por la obra freudiana. Recordemos que en la Residencia leyó, entre otros, *La interpretación de los sueños*, uno de los descubrimientos capitales de su vida. También debemos resaltar sus lecturas tempranas de revistas *(La Révolution Surréaliste)* y libros del movimiento *(Le grand jeu* de Péret*)* y de haber visto ciertas reproducciones y fotos de cuadros de artistas militantes como Arp y Tanguy. Miró fue quien realmente más ayudó a Dalí a ponerse por aquellos años en la senda del surrealismo: le ayudó con los marchantes parisienses, lo recibió en la Ciudad Luz y lo llevó a todo tipo de evento social donde pudiera ponerse en contacto con la elite capitalina y, especialmente, con los gurús del surrealismo. En *Confesiones inconfesables* Dalí relataría cómo se produjo su primer encuentro con André Breton: "Inmediatamente lo miré como a un nuevo padre. Pensé entonces que se me había ofrecido algo así como un segundo nacimiento".

Previo a su asentamiento en Francia su obra ya estaba impregnada de las ideas del movimiento, tal como se puede apreciar en algunas pinturas, como *La miel es más dulce que la sangre*, *Cenicitas* y *Aparato y mano*. Con esos cuadros Dalí era cada vez más consciente de la relevancia del movimiento en su obra y vida; se percataba de que el surrealismo no era simplemente una nueva tendencia, sino que era todo un movimiento revolucionario, absolutamente subvertidor del orden establecido y que buscaba transformar el mundo nutriéndose de las energías liberadas del subconsciente.

Si bien su obra ya tenía una marca de calidad y originalidad suficientes para ser reconocida dentro del movimiento, lo que lo hizo convertir de verdad en uno de sus líderes e ideólogos más admirados e influyentes fue su participación, como coguionista, con Luis Buñuel, en *El perro andaluz*, una película para burlarse, entre otras cosas, de Lorca, y que revolucionó el mundo del cine al intentar plasmar algo inédito en su corta historia ya que se proponía la visualización de ciertos resultados subconscientes que creían no podían ser expresados sino por el cine. La película era inclasificable, una obra sin precedentes. Buñuel, en sus memorias, narró cómo se produjo la colaboración de ambos artistas en la elaboración del guión: "Trabajamos acogiendo las primeras imágenes que nos venían al pensamiento y en cambio rechazando sistemáticamente todo lo que viniera de la cultura o de la educación. Tenían que ser imágenes que nos sorprendieran, que aceptábamos los dos sin discutir... O sea, que hacíamos surgir imágenes irracionales, sin ninguna explicación".

El estreno de la película se produjo el 6 de junio de 1929 en el Studio des Ursulines, que reunió a la flor y nata de la sociedad parisiense. Y el impacto que produjo en el público lo resumió Robert Desnos en las siguientes palabras: "No conozco ningún film que afecte de manera tan directa al espectador". Pero la reseña de Eugenio Montes, amigo de ambos artistas desde Madrid, resume la esencia española de la película: "La belleza bárbara, elemental —luna y tierra— del desierto, en donde 'la sangre es más dulce que la miel', reaparece ante el mundo... Nada de decorativismo. Lo español es lo esencial".

La aparición del último número de *La Revolución Surrealista*, que abre con la publicación del *Segundo manifiesto surrealista* de André Breton, en diciembre de 1929, y que tiene varias colaboraciones de Dalí y Buñuel, supone la entrada oficial de ambos en el surrealismo. Su llegada coincide con un momento de crisis del movimiento y supone todo un revulsivo para ellos, siendo la encarnación del espíritu surrealista.

Por esa época Dalí se carteaba con frecuencia con Lidia, su amiga loca de Cadaqués, cuyas cartas estudiaba el pintor como "documentos paranoicos de primer orden", y que al decir de algunos fue quien le hizo crear al pintor el método paranoico-crítico. Esta mujer, de apellido Nogués, tenía una desbocada imaginación, parla metafórica y apariencia cuerda, pero que se trastornaba si alguien tocaba alguna de sus obsesiones; se creía Teresa, el personaje central de una novela de Eugenio d'Ors llamada *La bien plantada*. "Lidia poseía el cerebro paranoico más magnífico, fuera del mío, que haya conocido nunca", escribió el pintor sobre ella.

Después Dalí colaboró con Buñuel en el avance del guión de lo que será la película *La edad de oro*, dándole importantes sugerencias sobre puntos críticos del mismo, aunque después el aragonés minimizó la participación del catalán en el filme. La película fue otro golpe a la sociedad parisiense de entonces (se estrenó el 22 de octubre de 1930 en el Cinéma du Panteón), tuvo enorme eco en Europa y afianzó la fama creciente de Dalí y Buñuel como subvertidores y originalísimos creadores.

Para el verano de 1930 Dalí ya tenía inventado lo que ya llamaba el pensamiento paranoico-crítico, al que un par de años después le daría el carácter de método. La doble imagen desempeñaba en él un papel fundamental. Como antecedentes interesantes del mismo están su interés por la paranoia y los aportes paranoides de su amiga Lidia, las imágenes dobles y múltiples que ya estaba experimentando en cuadros como *Durmiente, caballo, león invisible* y en *El hombre invisible*. El término daba a entender, brillantemente, que existía una técnica para provocar y experimentar con los fenómenos paranoicos y éste pronto se haría famoso; aunque su autor sería siempre muy elusivo al describirlo cuando alguien le pedía que entrara en detalle sobre él: "Se trata de la sistematización más rigurosa de los fenómenos y materiales más delirantes, con la intención de hacer tangiblemente creadoras mis ideas más obsesivamente peligrosas". Varias teorías explicarían la obsesión de Dalí por este tema: una podría haber sido el descubrimiento de que su abuelo Gal había padecido demencia alucinatoria y de que su suicidio tendría que ver con esta enfermedad; la otra podría haber sido la lectura de las *Conferencias introductorias al psicoanálisis* de Freud, donde éste plantea la idea de que la paranoia "es siempre consecuencia de una defensa contra impulsos homosexuales de extrema intensidad". Cualquiera de las dos posibilidades le provocaban pavor al pintor y seguramente ideó el método inteligentemente con la idea de tener un recurso para mantener a raya la paranoia y aprovechar el inconsciente para enriquecer su acervo creativo.

El 20 de julio de 1935 Dalí publicó *A la conquista de lo irracional*, un breve texto de diecinueve páginas acompañado de 35 reproducciones de obras suyas, en el que intentaba establecer la primacía del método paranoico-crítico sobre el automatismo pasivo. Abrió el libro con un elogio hecho meses antes por Breton, que resumía la importancia de los aportes del artista al movimiento: "Dalí ha dotado al surrealismo de un instrumento de importancia fundamental, en concreto, el método paranoico-crítico, que ha demostrado inmediatamente ser aplicable a la pintura, a la poesía, al cine, a la construcción de típicos objetos surrealistas, a la moda, a la escultura, a la historia del arte e incluso, en caso necesario, a todos los tipos de exégesis".

Hacia 1935, año de la foto, comienzan sus problemas con el grupo surrealista, a partir de la obra El enigma de Guillermo Tell. *En 1939 se separaría definitivamente del grupo.*

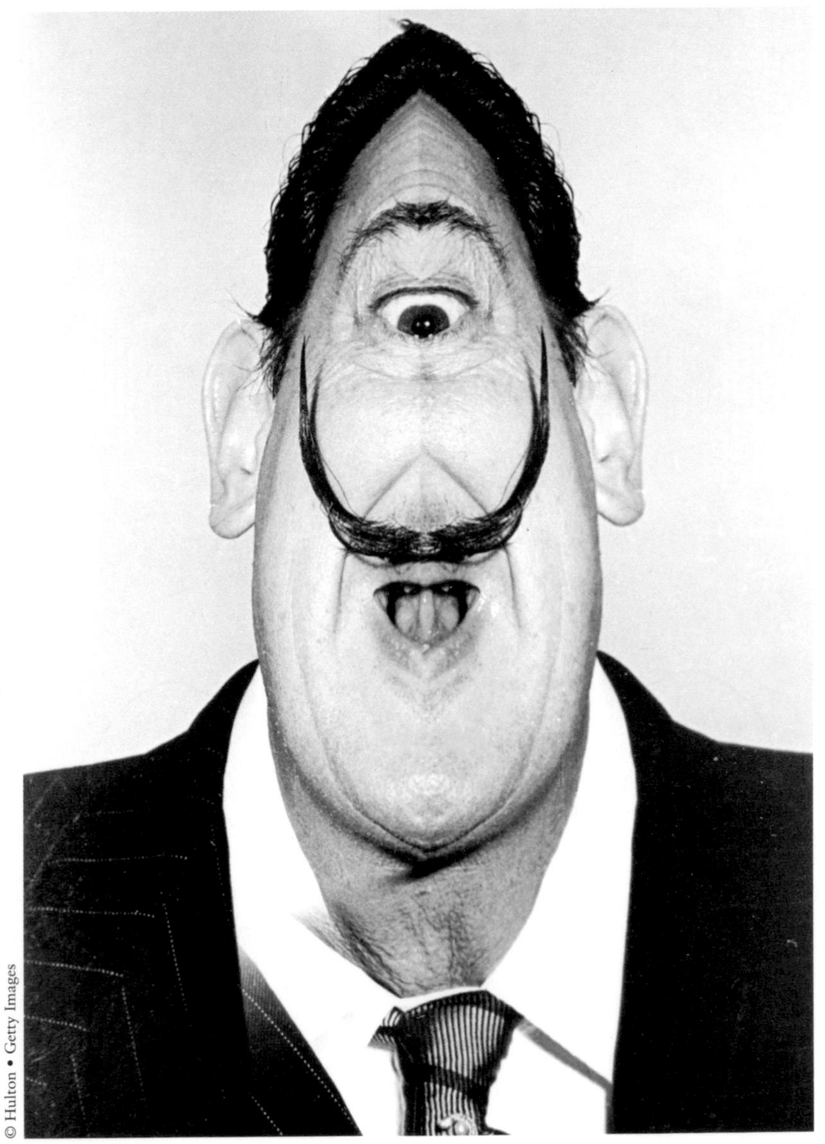

Esta imagen de 1950, que lo muestra como cíclope, es una de las más famosas del pintor nacido en 1904 en Figueras, España.

Otra de sus obras polémicas, El gran masturbador, *de 1929.*
Óleo sobre lienzo. Colección privada.

Desde joven le gustó escandalizar. La foto de arriba es de 1955, cuando presentó al público su cuadro Joven virgen autosodomizada por los cuernos de su propia castidad.

Salvador Dalí posa frente al mural de un caballo, que pintó en su casa de Port Lligat, España, en noviembre de 1957.

Esta es quizá la obra más recordada del pintor de Figueras: La persistencia de la memoria, *de 1931. Actualmente se encuentra en el Museo de Arte Moderno de Nueva York.*

Además de prolífico pintor y publicista de sí mismo, Dalí escribió unos cuantos libros, algunos con buena recepción. En 1951, año de la foto, publicó Manifiesto místico.

En 1958 Dalí se casó con su musa y compañera de casi toda su vida, Gala, en una ceremonia religiosa en Gerona. La foto es de ese año.

Expulsión del surrealismo

"Cuando los surrealistas descubrieron en casa de mi padre... el cuadro que acababa de pintar y que Paul Éluard bautizó: *El juego lúgubre*, quedaron escandalizados con los elementos anales y escatológicos de la imagen representada... Me disponía a entrar en el grupo surrealista del que acababa de estudiar concienzudamente, deshuesando hasta el último huesecillo, las consignas y los temas. Me había imaginado que se trataba de trasladar el pensamiento al lienzo de una forma espontánea, sin el menor escrúpulo racional, estético o moral". Así empieza Dalí, en uno de sus libros más famosos, su relato de los antecedentes que llevaron a su expulsión del movimiento surrealista.

Gala, a raíz de esto, le advirtió al pintor que en el surrealismo iría a sufrir las coerciones y vetos que le imponían en otros lados, como en su familia. Y le advirtió, además, que su método paranoico-crítico le traería problemas en el seno del movimiento. Aspiraba a convertirse en el "Nietzsche de lo irracional", librando la batalla de la "conquista de lo irracional".

Dalí se tomó el surrealismo al pie de la letra, "sin despreciar la sangre ni los excrementos de los que sus prosélitos nutrían sus diatribas". Y contó cómo se había esmerado en convertirse en un perfecto ateo leyendo los libros de su padre y cómo fue también un estudiante de los surrealistas tan concienzudo que rápidamente se convirtió en el único "surrealista integral", "hasta tal punto que acabaron por expulsarme del grupo por ser excesivamente surrealista".

Fueron muchos los hechos y circunstancias que generaron serios conflictos entre Dalí y los demás miembros del movimiento: por su temperamento y espíritu de contradicción congénito, por sus ambiciones, por la evolución de su pensamiento y sus ideas recalcitrantes. Por sus declaraciones a favor del fascismo, Breton le escribió a Dalí el 23 de enero de 1934 una carta en la que le dijo que llevaba tiempo tratando de escucharle con tolerancia, aunque consideraba inaceptables algunas de las afirmaciones que hacía de vez en cuando: su preferencia por los accidentes de tren donde los pasajeros de tercera clase sufrían más, su defensa de la pintura académica de Meissonier, su desprecio por el arte moderno, las paradójicas opiniones que tenía sobre Hitler, sus concesiones a la "sociedad" parisiense. Todo esto era la clara evidencia de que Dalí se estaba volviendo un reaccionario y estaba afectando la imagen del movimiento.

Dalí contestó cada una de las imputaciones de Breton. En una larga carta justificó su "antihumanitarismo" como causa de perversión sexual de la cual no era culpable, dado que, además, no hacía si no seguir a Sade en lo moral; que sus críticas al arte moderno se referían al hecho por fuera de la órbita del surrealismo, que sólo una técnica académica podía plasmar las visiones e imágenes del inconsciente, y que su pretendido hitlerianismo no cabía en cabeza alguna dado que textos tan provocadores como *La mujer visible* y *El amor y la memoria* seguramente serían la razón de que lo mandaran a la hoguera; insistía en su derecho a estudiar las causas ocultas del fenómeno que le estaban sacudiendo sus convicciones políticas actuales. Y que creyera en su "incondicionalidad surrealista". Y el grupo le creyó.

Sin embargo, Dalí le propinó muy pronto otro gran disgusto a Breton, que fue la gota que derramó el vaso. El 2 de febrero de 1934 decidió participar, en el Grand Palais, en la exposición que conmemoraba los quince años del Salón de los Independientes, contra la opinión de sus correligionarios. Ese mismo día se aprobó una resolución firmada por varios de los miembros del movimiento en la cual se pedía su expulsión del surrealismo por ser Dalí culpable de "actos contrarrevolucionarios tendientes a la glorificación del fascismo hitleriano" y por ser un "elemento fascista". Se le citó a una reunión el día 5 de febrero. En esa carta Breton le reconoció su admiración y afecto, pero le advirtió que, en aras de la pureza revolucionaria del surrealismo, debía dejar de lado sus sentimientos personales y le pedía que actuara diligente en defensa de sus actividades y opiniones cuestionadas.

A la reunión Dalí se presentó con un termómetro en la boca y con varios sacos de lana, pues estaba muy agripado; se los quitaba y ponía continuamente, haciendo que el "juicio" en su contra pareciera una verdadera farsa, que la gente perdiera la compostura y que se riera con frecuencia. Dalí salió del apuro gracias a estas triquiñuelas y a su ya imponente labia. Sobre el hecho escribió:

> En el curso de mi defensa *pro domo*, me arrodillé en distintas ocasiones, no para implorar que no me expulsaran, como falsamente se dijo, sino, por el contrario para exhortar a Breton a que comprendiera que mi obsesión hitleriana era estrictamente paranoica y apolítica en su esencia. Yo les expliqué, además, que no podía ser nazi, pues, si Hitler conquistaba Europa, aprovecharía la oportunidad para mandar al otro mundo a todos los histéricos de mi especie.

Esto hizo que se declarara una tregua entre las partes en conflicto.

Su apoyo público al franquismo cuando terminó la guerra española en abril de 1939, su falta de solidaridad grupal y su racismo reconocido ya ante el propio Breton, hicieron que el pope del movimiento se pronunciara en su contra en un artículo publicado en el último número de la revista *Minotaure*, donde afirmó que su pintura se encontraba en franca decadencia y que había quedado relegada a un segundo plano con respecto a la de otros importantes artistas del surrealismo, como Tanguy; que su método paranoico-crítico sólo le servía a él y que el automatismo propuesto en el primer *Manifiesto* era el que constituía la más genuina contribución del surrealismo a la liberación síquica. En resumen, se consumaba la expulsión definitiva de Dalí del movimiento surrealista.

Poco le importaría al pintor esto, al menos públicamente, ya que se consideraba el único surrealista digno de tal nombre. Y como se asomaban vientos de guerra en Europa y su prestigio allí estaba bastante cuestionado, pues tocaba entonces dirigir los ojos a Estados Unidos, donde su fama creciente y su credibilidad le auguraban los mejores momentos, asunto nada difícil para él, que tenía ya bien claro qué era lo que quería en la vida futura.

Dalí narraba con tristeza que cuando Breton desembarcó en Nueva York en 1940, lo llamó por teléfono el mismo día de su llegada y concertó una entrevista que él le concedió para el día siguiente. Pero en la tarde se enteró por unos amigos que Breton lo había calumniado tachándolo de hitleriano. Era demasiado falso y excesivamente peligroso en aquella época para que aceptara verle de nuevo.

Según Dalí, el surrealismo, en la forma en que lo habían definido, murió desde ese momento. "Cuando, al día siguiente, un gran periódico me solicitó la definición de surrealismo, respondí: '¡El surrealismo soy yo!'. Y lo creo, porque soy el único en perpetuarlo. Yo no he renegado de él, sino que, todo lo contrario, lo he reafirmado, sublimado, jerarquizado, racionalizado, desmaterializado, espiritualizado". Como venganza, Breton compuso un anagrama contra Dalí: *Avida Dollars*, que, según el pintor, se ajustaba bastante bien a sus ambiciones de entonces.

Viaje a Nueva York

El 7 de noviembre de 1934 Dalí, acompañado de su infaltable Gala, zarpó con dirección a Estados Unidos para asistir a la inauguración de una exposición suya, desde el puerto francés de Le Havre, en el *Champlain*, un barco en el que también viajaba Caresse Crosby, la inventora del sujetador, gran amiga de la pareja. Como su esposo, Harry Crosby, ella tenía una gran vocación por el arte y una cierta vena literaria. Ambos fundaron en París la emblemática editorial Black Sun Press, que publicó, entre otros, a James Joyce. Eran excelentes anfitriones y las fiestas que organizaban en su casa de campo, Le Moulin du Soleil, eran muy famosas. Ellos animaron a Dalí a "pegar el salto" a Estados Unidos, donde, según le auguraron, tenía un gran futuro. Caresse ayudó a los Dalí a preparar el viaje.

Dalí se instaló en el tren que lo llevaría al puerto varias horas antes, en un compartimento de tercera clase, junto a la locomotora, sentado acechante, rodeado de lienzos por todos lados. "Había enganchado una cuerda a cada cuadro. Estas cuerdas estaban atadas, a su vez, o bien a su ropa o a sus dedos. Estaba muy pálido y muy nervioso. Dijo que se ponía junto a la máquina: "para llegar más deprisa".

Toda la travesía en el barco la pasaron prácticamente encerrados en el camarote. Salvador y Gala sólo salían para las comidas y para las prácticas de salvamento. El barco atracó en Nueva York el 14 de noviembre y, coordinado por Crosby, en el propio camarote, se concertó el primer encuentro de Dalí con los periodistas. Fue un encuentro en el cual los reporteros norteamericanos descubrieron en Dalí a una pieza sui géneris que les ofrecía mucho de lo que ellos necesitaban para atrapar lectores y aumentar las ventas de sus rotativos, y aquél descubrió el encanto del eco de los medios y el provecho que podría sacar de ellos. Para llamar la atención en este primer episodio frente a los periodistas, se quitó los arreos con los que tenía atados sus cuadros y empezó a rasgar el papel del más grande de ellos. Los periodistas le preguntaron al pintor cuál era su cuadro favorito y él les contestó "el retrato de mi esposa", a lo que Crosby agregó, "sí, pero a ese cuadro le ha agregado unas costillas de cordero pintadas sobre el hombro de Gala". Los periodistas se dijeron: "¿costillas de cordero?", y ese fue el detonante para que sus plumas empezaran a moverse y los flashes de las cámaras a dispararse. En esta entrevista, Dalí intuyó que Norteamérica caería rendida a sus pies algún día.

La exposición de Dalí en la galería Levy se inauguró el 21 de noviembre y permaneció hasta el 10 de diciembre de ese año de 1934. Tuvo como antecedente, más de tres años antes, la exposición en la galería Colle (en junio de 1931), que marcó la aparición en su vida de Julien Levy, el galerista neoyorkino que estaba *ad portas* de inaugurar una galería. Levy, interesado en comprar cuadros surrealistas, adquirió *La persistencia de la memoria* por 250 dólares de la época.

Éste acordó con Colle que sería el primero en exponer obra surrealista en Nueva York. Y así lo hizo en enero de 1932. Otra persona que vio la exposición de Dalí en la Galería Colle fue Alfred Barr, primer director del Museo de Arte Moderno de Nueva York (MOMA), quien quedó encantado con la obra del catalán y sería uno de los responsables de la buena acogida de Dalí en Estados Unidos. Otro antecedente de esta exposición fue la individual que se realizó un año antes (1933) y que se llevó a cabo también entre noviembre y diciembre. Al público le encantó la exposición, extraña y desconcertante, y el éxito de ventas fue apabullante. Esto le hizo pensar que si sus cuadros triunfaban sin su presencia, mucho mayor sería el éxito si él se presentaba personalmente. Y así ocurrió, en efecto, con la exposición de 1934, que también tuvo un gran éxito de público y crítica y fue alabada por Edward Alden Jewell, del *New York Times*, que se entusiasmó por ver en Dalí a uno de los mejores, a un magnífico dibujante, detallista y preciso.

Pero también debemos reconocer que buena parte de la fama creciente del pintor en Estados Unidos se debió al impacto que causó en la gente la apreciación de su pintura *La persistencia de la memoria*, en la cual es clara la influencia de Freud. Su creación la relaciona Dalí con haberse comido una porción de queso Camembert, lo que le produjo una visión: "Dos relojes blandos, uno de ellos colgando lastimosamente de las ramas de los olivos". Luego de ocurrida esa visión, Gala, que estaba paseando, regresó a casa y vio a Dalí trabajar con denuedo en su nueva idea. Al verla quedó francamente maravillada y exclamó: "Nadie podrá olvidarla una vez vista".

Al público norteamericano también le impactó muchísimo conocer la vida aparentemente monacal que llevaba Dalí y que sus visiones no eran fruto del uso de estimulantes artificiales. Por aquella época el pintor no fumaba ni bebía licor. A un periodista le dejó bien claro que él pintaba sus obsesiones para "permanecer cuerdo" y que no necesitaba de ninguna droga para ayudarse en su proceso creativo. Su arte era su terapia, y las drogas podrían dañar o destruir lo que él consideraba una "facultad privilegiada"; y, además, estaba a su lado Gala, su musa y gran estimuladora creativa.

El 10 de diciembre de 1934, para celebrar el éxito de la exposición, se llevó a cabo en la Casa de las Españas una fiesta. Ángel del Río, profesor de literatura de la Universidad de Columbia, amigo de Lorca, fue el oferente. El pintor improvisó unas palabras en las que repitió la definición de surrealismo de Breton, explicó su proceso creativo y, parece, luego dijo por primera vez una de sus tantas frases célebres: "La única diferencia entre un loco y yo, es que yo no estoy loco".

Esta charla, más elaborada, la dictó en varios lugares de Nueva York ese mismo mes, e insistió en las conexiones entre Lautréamont y Freud y en la idea de que el surrealismo buscaba la plena revolución moral del individuo y la liberación de los instintos. Justificó ser discípulo de Freud, diciendo:

> El subconsciente habla un lenguaje simbólico que es realmente un lenguaje universal, porque no depende de un hábito especial

ni de un estado de cultura o inteligencia, sino que habla con el vocabulario de las grandes constantes vitales, del instinto sexual, del sentimiento de muerte, de la noción física del enigma del espacio... Para entender una pintura *estética* es necesario entrenarse, contar con una preparación cultural e intelectual; en cambio, para el surrealismo, el único requisito es ser receptivo e intuitivo.

Como despedida de su exitoso periplo neoyorkino, Caresse Crosby y Joella Levy decidieron hacer una fiesta que nadie olvidara nunca. Y, en efecto, así fue. Tuvo lugar en el Coq Rouge el 18 de enero de 1935 y la llamaron el "baile onírico"; a él tendrían que acudir los invitados disfrazados de su sueño recurrente favorito. Dalí montó el decorado del lugar: sobre la escalinata de la galería se puso una bañera llena de agua suspendida en el aire, que amenazaba con derramar su contenido sobre los asistentes, y una vaca embalsamada oficiaba de gramófono, lanzando desde su vientre las canciones francesas de moda.

Dalí se cubrió la cabeza con varios metros de gasa, su camisa, almidonada, tenía la pechera abierta en forma de vitrina y detrás de ella iba una prenda de seda rosa en homenaje a la anfitriona: un sujetador. Caresse se disfrazó de Caballo Blanco del Deseo Onírico. Gala llevaba una muñeca de juguete con los brazos abiertos y una langosta enroscada en las sienes, como si estuviera pariendo un bebé por la cabeza, que según Dalí estaba siendo devorado por las hormigas; además, llevaba un suéter muy ajustado que le resaltaba los pechos desnudos, y una falda de celofán rojo que le llegaba hasta los tobillos, encima de una minifalda que le permitía lucir libremente sus sensuales piernas.

El pintor y Gala viajaron de regreso a Francia el 19 de enero de 1935, con el buen sabor de boca de haber impresionado a la sociedad neoyorkina y de haber establecido muy buenas relaciones con los medios de comunicación de aquella nación. Las puertas de Estados Unidos estaban abiertas para el éxito y la conquista del país del dinero.

La exposición de Londres

La situación de la cultura inglesa a mediados de los años treinta era muy conservadora e insular. Muchos artistas buscaban modos de expresión más libres. El surrealismo, que apenas empezaba a conocerse en la isla, prometía algo del cambio que se necesitaba. Roland Penrose, Paul Nash y Henry Moore fueron algunos de sus primeros cultores. Más tarde tendrían un líder de gran estatura intelectual, E. L. Mesens, venido de Bélgica. El Reino Unido del siglo XIX, puritano, victoriano, no obstante, brindó al movimiento interesantes antecedentes: el más significativo fue el del poeta William Blake, sin desdeñar el de Lewis Caroll.

Dadas así las cosas, organizar una exposición internacional surrealista en Londres parecía lo más pertinente para dar a conocer el movimiento. Y ella, efectivamente, se programó para el verano de 1936 en las New Burlington Galleries, del 1 de junio al 4 de julio. Por Inglaterra participaron David Gascoyne, Humphrey Jennings, Diana Brinton Lee, Henry Moore, entre otros; por Francia lo hicieron Breton, Éluard, Georges Hugnet y Man Ray; Mesens representó a Bélgica y Dalí a España. Fueron en total más de 400 obras de 68 artistas de catorce nacionalidades. Se dictaron conferencias, se dieron recitales y se hizo una mesa redonda sobre la posición política del movimiento. Se calcula que más de 20 mil personas visitaron la exposición.

André Breton inauguró la muestra ante unas 2 mil personas y dictó la conferencia inaugural titulada "Límites, no fronteras, del surrealismo". A esta siguieron cuatro conferencias más: "El arte y el inconsciente" de Herbert Read, "Poesía surrealista" de Paul Éluard, "Biología y surrealismo" de Hugh Syke Davis y la alucinante "Auténticas fantasías paranoicas" de Salvador Dalí, el 1 de julio.

Dalí envió tres cuadros *(El sueño, Amanecer* y *Cabeza paranoica)*, un grabado *(Fantasía)*, un dibujo *(El jinete de la muerte)* y unos estudios a lápiz. Su obra fue de las más admiradas y visitadas de la exposición, especialmente porque en un pequeño libro de Breton, titulado *¿Qué es el surrealismo?*, publicado por la editorial inglesa Faber and Faber, éste se pronunciaba muy favorablemente sobre el pintor, su obra y sus aportes teóricos al movimiento. "[Dalí] cuyo excepcional ardor interior ha sido para el surrealismo, durante todo este período, un fermento inestimable".

La conferencia que dictó Salvador el 1 de julio fue todo un acto circense que generó infinidad de comentarios de público y prensa. Acudieron unas 300 personas para escuchar al pintor referirse a las ventajas que proporciona la inmersión en el inconsciente. Dalí llegó debidamente ataviado para la ocasión, con un traje de buzo que estaba decorado como un árbol de Navidad. La escafandra tenía encima un radiador de automóvil, sobre el pecho estaban dispuestas unas manos de plastilina y alrededor del talle tenía un cinturón con una daga. Llevaba un taco de billar y, además, iba escoltado por dos perros grandes. El matutino *The Stars* reseñó así lo sucedido en el acto.

> ... Para añadir más misterio a su actuación, habló en francés, a través de altavoces. A mitad de su perorata comenzó a acalorarse y le pidió a alguien que le quitara la escafandra. Se había atascado y no sirvió una llave inglesa, pero el taco de billar vino al pelo, sirviendo como abrelatas... Al señor Dalí le preguntaron por qué había venido vestido de buzo. "Para demostrar que me sumergía en las profundidades de la mente humana", contestó.

Parece que quien logró quitarle a Dalí la escafandra fue el multimillonario Edward James, con quien por esos días el pintor negociaba un contrato para comprar en exclusiva su obra.

Pocos días después se inauguró una exposición individual del pintor en la Galería Alex, Reid & Lefevre, en la cual, según el catálogo diseñado por él mismo, exponía "instantáneas en color inspiradas por: sueños, fantasmas objetivos y subjetivos, fantasías diurnas, imágenes hipnagógicas, objetos irresistibles, objetos-seres, espectros morfológicos, malestares liliputienses, asociaciones paranoicas, onirismo experimental, caprichos intrauterinos, cajones de carne, relojes maleables...". Los cuadros más importantes de la exposición eran *Afueras de la ciudad paranoico-crítica* y *Construcción blanda con judías hervidas*, al que luego subtitularía con oportunismo *Premonición de la guerra civil*, ya que por esos días se desató la cruenta contienda que le costó a España tres años de salvaje lucha y más de un millón de muertos.

La muestra individual le dio grandes beneficios económicos a Dalí. Nada más el primer día de la exposición había vendido diez pinturas y cinco dibujos y había ingresado a sus arcas una buena cantidad de libras esterlinas. La acogida de los medios también fue importante, sin que dejaran de faltar algunas críticas. *The Studio* dijo que de las nuevas figuras del surrealismo "el de más talento es sin lugar a dudas Salvador Dalí, que pinta como un prerrafaelista que se ha vuelto loco".

Poco después de la exposición individual se publicó un libro de ensayos coordinado por Herbert Read, que se tituló *Surrealism*. Varios autores se pronunciaron favorablemente sobre la obra, y el pensamiento de Dalí se destacó por su revalorización de los prerrafaelitas; se incluyó un fragmento de su poema *El gran masturbador*, en el cual describe con gran crudeza y libertad su amor por Gala, sus delirios y obsesiones, y exterioriza sus deseos más íntimos. Un texto en exceso atrevido para la pacata Inglaterra de entonces, que contribuyó mucho a popularizarlo y presentarlo como un artista diferente, original y provocador.

Guerra y muerte

Los esposos Dalí estaban en Londres cuando se desató el conflicto español el 18 de julio de 1936. El general Francisco Franco se levantó contra el gobierno democráticamente elegido de la República, e inició su rebelión desde el norte de África. El golpe fascista se venía anunciando desde hacía algún tiempo y sus consecuencias en ese momento eran imprevisibles. Si bien la coalición de diversas fuerzas de izquierda, que conformaban el Frente Popular republicano de Manuel Azaña, resistió con entereza los primeros embates de los rebeldes, poco a poco Franco, apoyado por Italia y Alemania, fue haciéndose dueño de la península Ibérica y arrinconando al gobierno y sus leales.

Hay quien afirma que Dalí se mostró a favor de que venciera la República en las primeras etapas del conflicto, por sus antecedentes izquierdistas; pero dada su aparente afinidad en ese momento con las ideas fascistas, es probable que deseara el triunfo de éstos. No se sabe a ciencia cierta cuál era la verdadera posición del pintor en esa época, aunque en *Vida secreta*, años después, se pronunciaría al respecto con palabras bastante agrias que denigraban de la guerra y sus efectos. Lo cierto es que Dalí procuró estar al margen del conflicto.

Apenas en septiembre Dalí tuvo conocimiento de la muerte del poeta Lorca, ocurrida en Granada el 18 de agosto anterior. Su último encuentro había ocurrido en el otoño en Tarragona, cuando el poeta escapó de algunos compromisos de su apretada agenda en Barcelona para estar con su pasión, con su alma gemela, con quien había vivido y compartido tantas experiencias afectivas, emocionales y creativas: su mejor amigo de la juventud, como lo reconociera Dalí algunos años después. "¡Muere fusilado en Granada, el poeta de la mala muerte, Federico García Lorca!". "¡Olé!", dicen que exclamó el pintor al saber de la muerte del poeta, tal como si se tratara de una meritoria faena toreril o quizás recordando sus famosas escenas en la Residencia, en las cuales el poeta trató de conjurar muchas veces su miedo a morir representando ante sus compañeros la farsa de su muerte, entierro y descomposición.

Lorca había asumido un gran compromiso político en los años de la República y se había convertido en un verdadero ícono de la poesía y el teatro popular, especialmente con su grupo La Barraca, a los que les había añadido los toques surrealistas y renovadores de su más alto genio creativo. *Romancero gitano*, *Poeta en Nueva York*, *Llanto por Ignacio Sánchez Mejías*, *Bodas de sangre*, *Yerma* y *La casa de Bernarda Alba* fueron algunas de las obras más significativas de sus últimos y más febriles años de creación y militancia. En los turbulentos meses previos a la guerra había firmado manifiestos izquierdistas, apoyó decididamente al Frente Popular, condenó públicamente el fascismo y atacó a la burguesía de su natal Granada por ser derechista y atentar contra la democracia española. Pero también se ganó muchos enemigos personales, especialmente por su condición de homosexual, que cada vez hacía más pública y evidente.

Lorca fue prendido en Granada, un mes después de iniciada la guerra, en la casa de los Rosales, familia muy allegada al poeta de la cual formaba parte Luis, también poeta y autor de *Rimas* y *La casa encendida.* Fue trasladado de inmediato a la sede del gobierno civil de la ciudad andaluza. Varios miembros de la familia Rosales trataron de ayudarle. Hablaron con el gobernador civil Valdés Guzmán, quien les prometió que a Lorca no le pasaría nada, que sería cuestión de poco tiempo mientras se hacía la investigación de las denuncias hechas por un tal Ramón Ruiz Alonso. Se le acusaba de ser un subversivo, de que tenía una emisora clandestina con la que se comunicaba con los rusos, de que era homosexual, de que había sido secretario de Fernando de los Ríos, que en ese momento ocupaba un importante cargo en el gobierno de Manuel Azaña, y de que, además, los Rosales traicionaban al movimiento al darle protección a un comunista notable como el poeta de Fuente Vaqueros.

Las promesas hechas a la familia de Luis Rosales, el amigo entrañable de Lorca, no se cumplieron, sobre todo porque el poeta era un activo militante cultural y político de la República, especialmente con su reconocida labor con La Barraca, el grupo de teatro ambulante con el que recorrió media España antes de la guerra. Y tal como se lo había expresado a sus padres en octubre de 1935, en la España de ese entonces no se podía ser neutral, pues el arte y la política, según él, estaban indisolublemente entremezclados. Los Rosales no pudieron hacer cumplir lo que les prometiera el gobernador José Valdés Guzmán. Él siempre negaría que hubiera dado la orden de ajusticiamiento, pero lo cierto es que Lorca fue sacado de la sede del gobierno civil, esposado y acompañado de un maestro de primaria, la noche del 17 al 18 de agosto. Se lo llevaron unos guardias falangistas de la "Escuadra Negra".

En un lugar llamado Villa Concha (La Colonia), situado en un pequeño poblado cerca de Granada, fue donde estuvo el poeta detenido antes de su fusilamiento. Lorca, al conocer que iba a ser ajusticiado en la madrugada, muy angustiado, pidió confesarse, pero el cura que habitualmente asistía en los últimos momentos a los prisioneros ya se había ido. Sólo rezó, entonces, el "Yo pecador", acompañado del guardián.

Lorca, con sus otros tres compañeros de infortunio, el maestro y dos banderilleros anarquistas, fueron fusilados junto a un olivar en la vía de Alfacar, cerca del famoso barranco de Víznar. Les dispararon iluminándolos con los faros del carro que los había conducido hasta el lugar. Parece que el poeta quedó vivo, y lo remataron de uno o varios tiros de gracia, tal vez en un lugar indigno, según se ufanaría por mucho tiempo uno de sus reconocidos asesinos. Tres años más tarde, a finales de 1939, la familia tramitó los papeles para registrar oficialmente su muerte. El certificado de defunción irónicamente rezaba que el poeta había fallecido "a consecuencia de las heridas producidas por hechos de guerra". ¡Qué ironía y qué dolor!, ¡el absurdo de la guerra! En algunos fragmentos del poema de Dalí titulado "Metamorfosis de Narciso", éste rinde homenaje a su amigo, diciendo:

Narciso, pierdes tu cuerpo,
arrebatado y confundido por el reflejo milenario de tu desaparición,
tu cuerpo herido mortalmente
desciende hacia el precipicio de los topacios con los
restos amarillos del amor,
tu blanco cuerpo, engullido,
sigue la pendiente del torrente ferozmente mineral
de las negras pedrerías de perfumes acres,
tu cuerpo...

La muerte de su amigo Federico impactó sobremanera a Dalí. Tal vez esto contribuyera a su intención de marginarse del conflicto, a no tomar partido, máxime cuando su otro gran amigo, Luis Buñuel, estaba tan comprometido con el Frente Popular, con el que cumplía una misión política en París para la República. Otras eran las intenciones y otros los intereses del pintor en ese momento. Tal vez le importaba más su revolución personal, la conquista de su propio poder, de sus propias y particulares metas. Y a eso se dedicó durante todos esos años de la guerra, viajando por Italia, Francia y Estados Unidos.

Una obra que podría resumir su posición ante el conflicto es el cuadro *Construcción blanda con judías hervidas*, que comenzó a pintar en París a comienzos de 1936, y fue expuesto en Londres en la exposición de junio/julio de ese año, y que luego subtitularía, de manera un poco oportunista, *Premonición de la guerra civil*. Según sus propias palabras, representaba "un vasto cuerpo humano de donde brotaban monstruosas excrecencias de brazos y piernas que se desgarraban recíprocamente en un delirio de autoestrangulación". ¡Patético!

En *Vida secreta*, Dalí nos pone al tanto de sus visiones de la guerra:

> De toda aquella España martirizada se elevaba un olor de incienso, de carne quemada de cura, de carne espiritual descuartizada, mezclada con el olor intenso del sudor de las muchedumbres fornicando entre ellas y con la muerte.
>
> Decididamente —reconocía Dalí—, yo no tenía ni el alma ni la fiebre histórica. A medida que los acontecimientos avanzaban me sentía más apolítico y enemigo de la historia... La guerra civil no cambió el curso de mis ideas ni su ascensión. Únicamente se incrustaba en mí, cada vez con más violencia, el horror frente a toda revolución. Tampoco era un "reaccionario", porque yo no reaccionaba como lo hace la materia inerte. Sólo quería seguir siendo Dalí. A mi alrededor, la hiena de la opinión pública aullaba y quería que me pronunciara: ¿hitleriano o estalinista? No y cien veces no. ¡Yo era daliniano, nada más que daliniano! ¡Y lo sería hasta mi muerte! No creía en ninguna revolución, no creía más que en la calidad suprema de la tradición.
>
> Los desastres de la guerra y la revolución que destrozaban mi país, no hicieron más que exacerbar la violencia inicial de mi pasión estética y, mientras mi país interrogaba a la muerte y la destrucción, yo interrogaba a otra esfinge, aquella del inminente devenir europeo: el Renacimiento.

Consagración del genio

El 1 de septiembre de 1939, contra las premoniciones y deseos de Dalí, Hitler invadió Polonia y, de inmediato, cumpliendo sus compromisos políticos, Francia e Inglaterra se vieron obligadas a declararle la guerra al Tercer Reich. Se acababa de iniciar la Segunda Guerra Mundial, que dejaría una estela de destrucción y odio como pocas veces se había visto en la historia de la humanidad, además de 55 millones de muertos de todos los bandos involucrados en el conflicto.

Dalí, que en ese momento se preparaba para el estreno de *Bacanal* por parte de los Ballets Rusos en el Covent Garden de Londres, se trasladó con Gala de Font Romeu donde pasaba unas cortas vacaciones, a Arcachon, una localidad cercana a Burdeos y a la frontera española, en caso de que fuera necesario huir. Por seguridad, *Bacanal*, de la que el pintor había hecho todos los diseños escénicos, ya no se haría en Londres sino en Nueva York. La presentación de la obra el 9 de noviembre tuvo bastantes problemas y fue considerada un fracaso relativo. Por este motivo Dalí cruzó varias comunicaciones recriminatorias con su mecenas Edward James, y en una de ellas le informó que lo único que le importaba en esos momentos era producir una obra que se impusiera por su rigor feroz, implacable y deslumbrante, y que a su edad consideraba que era "ahora o nunca".

Por esa época Dalí también estaba dedicado a otro empeño importante, según lo había acordado con Caresse Crosby en uno de sus viajes a Nueva York: escribir sus memorias. *Vida secreta de Salvador Dalí* era el título que tendría el libro, e iba a ser publicado por Dial Press. Crossby le pidió en mayo que le hiciera saber qué tan avanzado iba el texto, y le sugería que pasara el verano en Estados Unidos para ultimar los detalles de la edición, que pretendía saliera en el otoño de 1940.

La presión de los alemanes sobre Francia dio su fruto el 14 de junio, cuando se tomaron París. Hubo un gran éxodo hacia el sur y a Dalí le dio pánico caer en manos de los secuaces de Hitler. Por ese entonces tenía un burdo refugio antiaéreo en el jardín de su vivienda y bebía mucho. Así que, dadas las circunstancias, decidió partir: ya no le convencían tanto las ideas y métodos del nacionalsocialismo. Gala marchó a Lisboa a preparar el viaje y Dalí pasó por Figueras a visitar a la familia y por Madrid a saludar a algunos de sus amigos de juventud; entre ellos estaban Eugenio Montes y Rafael Sánchez Mazas, que tenían gran ascendencia política en la España del momento. Gala y Salvador emprendieron viaje a Estados Unidos a comienzos de agosto de 1940, a bordo del *Excambion*. Se demorarían bastante tiempo para regresar al continente: ocho años, ni más ni menos.

La pareja llegó a Nueva York el 16 de agosto. Dalí le dijo a los reporteros que el surrealismo estaba muerto, que él, como su máximo exponente, retornaría al clasicismo y que se dedicaría a salvar el arte moderno, lo que produjo gran impacto y eco en ellos. Pronto se trasladaron a Virginia, a la mansión campestre de Caresse Crosby, Hampton Manor, para dedicarse a ultimar *Vida secreta*. Allí coincidieron, entre otros, con Henry Miller y Anäis Nin.

Para el historiador Ian Gibson, *Vida secreta de Salvador Dalí* "es una autobiografía megalomaníaca escrita en gran parte sin recurrir a documentación alguna, y con la exclusión, o distorsión, intencionada de episodios o momentos cruciales en la vida del autor". Dentro de esas llamativas exclusiones están, por ejemplo, el relato de su militancia marxista de juventud, las verdaderas razones de por qué lo expulsan de la casa paterna, no tiene en cuenta su veneración inicial por Breton, reclama para sí el mérito de haber creado la moda de los "objetos surrealistas" desconociendo a sus predecesores y los lineamientos dados por Breton para divulgarlos; además, dice que rechaza el compromiso político del surrealismo, a sabiendas de su interés inicial por ese tema. Sobre Buñuel miente también, haciendo caer sólo sobre él el anticlericalismo de la película *La edad de oro*. Aparenta ser muy amigo de Picasso, cuando en realidad su trato con él no fue muy cercano. Tergiversa las razones del asesinato de Lorca en la Guerra Civil española... En fin, una serie de traiciones a los antiguos amigos, a sus propias palabras y a sus actos, no correspondiéndose con lo que dice sería la obra: "un honrado intento de autorretrato".

Vida secreta le sirve a Dalí para presentarse como un joven ambicioso y brillante que sienta la cabeza a los treinta y siete años, profeta de las guerras, salvador del arte moderno y católico hispano redivivo. Le sirve también para presentar a Gala como un ser mítico que vislumbró en su vida desde la infancia; la mejor amante, terapeuta y esposa habida nunca. También le sirve el libro para adular a Estados Unidos como la tierra prometida, para promocionar su tierra natal y para preparar el terreno para su regreso a España algún tiempo después.

En el libro se mezclan realidad y ficción e incorpora lo que él llama los "falsos recuerdos de infancia" y los "recuerdos intrauterinos"; tiene, además, bastantes libertades cronológicas que hacen que el libro pierda bastante de su valor biográfico, pero que lo enriquecen como obra de ficción.

La crítica recibió la obra con todo un espectro de opiniones variopintas y encontradas. Si para algunos *Vida secreta* es uno de los libros más importantes publicados en el año 1942, para otros es uno de los más extraordinarios del siglo. Por el contrario, Clifton Fadiman lo calificó como una risueña pesadilla; Sol Davison, como una obra sádica y esquizofrénica; Buñuel lo tildó de mentiroso, y George Orwell afirmó que la biografía de Dalí tenía gran valor como signo de la decadencia de Occidente por la perversidad sexual y la necrofilia que destilaba la obra.

Pero una de las valoraciones más positivas la hizo Andrés Ibáñez, columnista del diario ABC, que destaca su "magistral comunicación con los secretos esenciales de las palabras"; para él Dalí es un maestro de las letras del siglo XX por la

> calmosa majestuosidad de las frases, que en su barroquismo parecen acercarse a la riqueza indescriptible de Lezama Lima, y

cuya elongación serpentina parece comenzar verdaderamente a crecer justo en el momento en el que, por puro sentido común, parecería que debieran comenzar a terminar. Profundidad, lucidez, rayeante inteligencia, riqueza desmesurada de sus intuiciones filosóficas, psicológicas, arquitectónicas, estéticas. Retórica de antiguo maestro jesuita versado en alquimia que predica al cacique en una barca en medio del río y conoce, además, todos los recursos del humor, de la seducción y del escándalo. Dalí, uno de los grandes autores cómicos de todos los tiempos.

Entre abril y mayo de 1941 el pintor hace su última exposición en la galería Julien Levy de Nueva York, que él promociona como "el último escándalo de Salvador Dalí". En el prólogo del catálogo, con fino humor señala: "Las dos cosas más afortunadas que podrían ocurrirle a un pintor contemporáneo son: primero, ser español y, segundo, llamarse Dalí. A mí me han ocurrido ambas". Esta exposición, pretendidamente, señala su voluntad de "proseguir su conquista de lo irracional convirtiéndose en clásico y continuando la investigación de la *divina proportione* interrumpida desde el Renacimiento". El eco en los medios no fue muy grande, las ventas tampoco y le hicieron algunas críticas, sobre todo porque no se creyó mucho su retorno al clasicismo y porque algunos consideraron que "Dalí era un renegado del surrealismo que había cambiado de camisa para asegurarse la supervivencia".

Su participación posterior en un acto benéfico en California para recaudar fondos destinados a los artistas europeos exiliados en Estados Unidos por causa de la guerra, así como la presentación de su ópera *Laberinto* en el Metropolitan Opera House de Nueva York le generaron una gran cuota de publicidad. Pero fue especialmente la exposición conjunta de su obra con la de Joan Miró en el MOMA neoyorkino (inaugurada en noviembre de 1941, clausurada en febrero de 1942 y luego llevada a ocho ciudades del país) la que finalmente le afianzó su fama y le hizo pensar que a sus treinta y ocho años había llegado a la cima. Cuarenta y dos óleos y diecisiete dibujos fueron suficientes para inquietar y fascinar al público. "Si a los norteamericanos les gusta rebelarse, también les gusta que los escandalicen", comentó Henry McBride, y Dalí lo logró con creces. Monroe Wheeler dijo que Dalí era un artista especialmente dotado para expresar la atormentada psique de su tiempo, de una época difícil para toda la humanidad. Peyton Boswell Jr. en *The Art Digest*, escribió:

> ... imágenes desinhibidas. La suya es una expresión artística morbosa, sádica, nihilista, aunque no puede negarse que tiene el don hipnótico de entusiasmar incluso a los que están hartos de los metros y más metros de lienzos pintados con la única intención de destrozar lino virgen... La voz de Dalí es una voz de su época.

Durante su larga estadía en Estados Unidos, Dalí, entre otras cosas, se dedicó a pintar retratos, porque esta práctica le aseguraba ingentes cantidades de dinero. Pintó a lo más granado de la alta sociedad empresarial americana, a artistas, políticos y a todo aquel que se cruzara en su camino, siempre y cuando tuviera con qué pagarle. Entre otros, pintó a

Harrison Williams, George Tait II, Dorothy Spreckles, Helena Rubinstein y, hasta la saciedad, a Gala: desnuda, vestida, de frente, de lado, de espaldas: Gala Galarina, su musa, marchante y negociante, poderosa a la luz y a la sombra, insaciable con el dinero, pero también con el sexo... Ya en 1943 Reynolds Morse, un joven y rico empresario de Denver recién casado, tuvo que huir de las propuestas indecentes de aquella, mientras compraba unos dibujos eróticos de Dalí para su naciente colección del pintor; al igual que lo hicieron otras personas a las que se les insinuaba diciéndoles que mucha gente quería acostarse con ella. Y mucha gente fue la que aceptó sus propuestas, a veces sólo para recibir una importante rebaja en la adquisición de una obra del pintor. Gala ya entendía que su relación con Dalí no era una relación convencional y que cada uno hacía lo que quería o, al menos, eso era lo que le decía a sus pretendidos.

En abril de 1944 Dalí publicó una novela escrita en el otoño de 1943, para seguir la estela de ventas de su exitosa *Vida secreta*. La tituló *Rostros ocultos* y en ella desarrolló la tesis del cledalismo, la llave para entender a Dalí según confesó años más tarde: se basaba en la teoría de la abnegación erótica (sublimación) que Dalí y Lorca formularon en 1927 y que ya tenía para entonces su expresión pictórica en su cuadro *San Sebastián*. En el prólogo explicó: "El sadismo puede definirse como el placer experimentado al infligir dolor al objeto; el masoquismo como el placer causado experimentado a través del dolor causado por el objeto. El cledalismo es el placer y el dolor sublimados en una identificación trascendente con el objeto. Solange de Cléda restablece la auténtica pasión normal: es una santa Teresa profana". También critica a la vieja Europa, que se destrozaba en esos momentos en una infausta contienda; critica las disensiones políticas de los extremos y aboga por una nueva Europa que renacería de sus propias cenizas. Si bien la novela fue ampliamente reseñada por la crítica, los comentarios no fueron muy favorables.

Otros de los campos que exploró Dalí durante los años cuarenta en Estados Unidos fue el de la publicidad, las ilustraciones y la escenografía. En ellos, intuyó muy tempranamente, podía ganar mucho prestigio y recursos. Su talento innato, su intuición estética, su virtuosismo como dibujante, su sentido del oportunismo, su manejo de las masas, su adecuada lectura de los tiempos que vivía le granjearon grandes dividendos en el sector de la publicidad. Los encargos de Elsa Schiaparelli para sus aceites para la piel, de Bryan Hosiery para sus famosas medias, de McCurrach Organization Inc. para diseñar corbatas que se expondrían en sus almacenes de la Quinta Avenida neoyorkina, de Leigh para sus perfumes Flores del Desierto, en los que recurrió a sus tópicos pictóricos de siempre: relojes blandos, hormigas negras, playas interminables, minúsculos personajes, bogavantes, teléfonos, venus renacentistas semidesnudas, etc. Su objetivo era claro: reorientar los gustos del público hacia su estética surrealista, cretinizarlo y embolsillarse, por cuenta de esto, mucho dinero, como en efecto sucedió.

De las ilustraciones para libros también sacó buena renta, sobre todo porque no le supusieron mayores esfuerzos, ya que estos trabajos a veces eran meras variantes de algunos realizados en la década anterior. *Memorias fantásticas* (1944) y *El laberinto* (1945), de Maurice Sandoz; *Macbeth* (1946), de Shakeaspeare; *Don Quijote,* de Cervantes (1946); los *Ensayos,* de Montaigne y *La autobiografía de Benvenuto Cellini* (1948). Así mismo ocurrió con la escenografía y los vestuarios que diseñó para diversos ballets: *Laberinto*, *Romeo y Julieta*, *Coloquio sentimental*, *Tristán loco*, *El primer ballet paranoico basado en el eterno mito del amor hasta la muerte*, *El café de chinitas*, que si bien le produjeron buenas rentas económicas, en términos de crítica sus resultados no fueron muy favorables; no obstante, algunas de ellas destacaron su trabajo escénico, aunque con claros cuestionamientos al estancamiento de su creatividad pictórica, como la del *The New York Times* por el telón de fondo de *Coloquio sentimental*: "Es evidente que, más que una galería de arte, lo que Dalí necesita con más urgencia es un escenario. Su surrealismo (que, enmarcado para ser colgado en una pared, hace tiempo que se ha fosilizado en una fórmula) se crece en espacios grandes y abiertos". Era evidente que Dalí necesitaba un revulsivo formal y temático en su creación. Y lo vino a encontrar con las bombas atómicas que Estados Unidos lanzó contra Hiroshima y Nagasaki en agosto de 1945, que dieron fin a la Segunda Guerra Mundial. Desde ese momento el átomo fue su motivo de reflexión y se inició lo que dio en llamarse su época atómica.

Del 20 noviembre al 29 de diciembre de 1945 se llevó a cabo en la galería Bignou una exposición con los cuadros recientes de Salvador Dalí. Se dieron a conocer óleos, acuarelas, dibujos e ilustraciones que pintó durante casi un año de absoluta reclusión. *Cesta de pan*; *Mi mujer desnuda contemplando su propio cuerpo transformándose en escalones, tres vértebras de una columna, cielo y arquitectura*; *Idilio atómico y uránico melancólico*; *Apoteosis de Homero (sueño de Gala)* y *Galarina* fueron algunas de las obras expuestas, fruto de sus nuevas propuestas ideológicas y estéticas, especialmente el *Idilio* y *Mi mujer desnuda*, en las cuales se acerca al nuevo clasicismo que pregona y a sus alegatos contra la guerra. Tres años más tarde, entre el 25 de noviembre de 1947 y el 3 de enero de 1948, se hizo una segunda exposición en la misma galería en la que una de las obras estrella fue el estudio de su cuadro inacabado *Leda atómica* (1949). Este cuadro, planificado con extremado celo, expresa sus inquietudes por lo que él llama la metafísica daliniana y exalta a la divinidad a su adorada Gala, a la que "suspende" imperfectamente del espacio onírico de sus nuevas obsesiones.

Y ya se habían completado ocho años de vivir en Estados Unidos, de haber alcanzado la cima del triunfo y de haber acumulado una fortuna inestimable, pero la nostalgia por la tierra amada, por la familia, por los amigos, se empezaba a hacer evidente. ¿No se había regresado ya al clasicismo y a la cordura? Pues ya era hora de regresar a casa.

Regreso a casa

A principios de julio de 1948 Dalí y Gala partieron de Estados Unidos con la gran mayoría de sus pertenencias, y llegaron a Le Havre el 21 de ese mismo mes. De inmediato se trasladaron a la casa paterna y era evidente la inmensa satisfacción que les producía estar de nuevo con los suyos, aparentemente reconciliados con ellos, y contemplando sus añorados paisajes de la infancia. Pronto supo que su hermana Ana María escribía una biografía sobre él y su familia —*Salvador Dalí visto por su hermana*—, pero por más que intentó convencer a ella y a su padre de que le mostraran los originales no lo consiguió; es probable que intuyera que en ese libro su hermana le pasaría algunas cuentas de cobro a él, a Gala y al surrealismo. Y no estaba lejos de lo cierto. Ana María seguía odiando a la mujer que le robó al gran amor de su vida: su encumbrado hermano.

Durante sus primeros meses de estadía en España el pintor se esforzó por congraciarse con el franquismo y con la Iglesia católica española, de gran ascendencia política en el país en ese entonces. En unas declaraciones para la prensa le confesó al periodista su confianza en el destino de España como una de las naciones llamadas a salvar al mundo y a ser cantera del catolicismo. Si bien estas declaraciones fueron bien recibidas por su padre y en España, en el exterior causaron gran desazón y molestia.

Dalí, inteligentemente, entendió que debía congraciarse con la Iglesia ibérica, que debía conquistarla, para que el franquismo no lo afectara ni se interpusiera en sus deseos de instalarse definitivamente en su tierra. Y una de las estratagemas que utilizó fue pintar cuadros de corte religioso como *La Madonna de Port Lligat* (1949). No contento con ello, decidió utilizar un viaje a Italia para el estreno de la obra *Como gustéis,* de Luchino Visconti —en la que había trabajado algunos aspectos de su escenografía—, para pedir audiencia ante el Papa Pío XII y que el hecho fuera bien visto en España; ésta le fue concedida, en efecto, el 26 de noviembre, y la aprovechó para mostrarle *La Madonna*, que, según sus propias palabras, gustó mucho al Santo Padre y lo animó a seguir en la misma línea. De Roma pasaron a París y de allí a Nueva York, ciudad a la que volverían ineluctablemente todos los años hacia el final del otoño, y se quedaban hasta principios de la primavera.

El 21 de septiembre de 1950, víctima de un cáncer de próstata, falleció en Es Llané Salvador Dalí Cusí, el notario. Su hijo le acompañó en los últimos momentos, pero no asistió a las honras fúnebres. El pintor quedó muy afectado por el fallecimiento de su padre, máxime al saber que éste, a pesar de sus últimos intentos de reconciliación, lo había prácticamente desheredado. Tuvo profundas diferencias con su hermana por lo que él consideraba un abuso de confianza y casi un robo, pues buena parte de sus cuadros y pertenencias, que habían quedado en la casa paterna cuando había sido expulsado de ella, las habían vendido a sus espaldas y sin su consentimiento.

Poco después de la muerte de su padre Dalí dictó una conferencia en Barcelona en la que habló de la unidad y el éxtasis: "El éxtasis es la dialéctica, la armonía de los contrarios, de los dos Dalís antitéticos pero absolutamente auténticos, iguales en los dos bandos físicos que dividieron durante años en teoría ondulatoria y teorías corpusculares". Con estas farragosas frases daba inicio a una etapa de su producción a la que podría llamarse el "misticismo atómico". Vinieron de inmediato cuadros como el *Cristo de San Juan de la Cruz*, *El ángel de Port Lligat*, *Desintegración de la persistencia de la memoria*, *Assumpta corpuscularia lapislazulina*, *Cruz nuclear* y *La última cena*. En todas ellas participa como ayudante-dibujante Emilio Puignau, y se encuadran en su "mística paranoico-crítica" condensada en su *Manifiesto místico*, publicado en 1951, que se basa en los avances de la ciencia moderna y en la espiritualidad metafísica de la mecánica cuántica y el concepto de la forma como consecuencia de un proceso restrictivo e inquisitorial. El arte moderno se halla en decadencia por el escepticismo y la falta de fe, por causa de todos los "ismos" materialistas; por tanto, necesita de un salvador y él, claro, es Salvador Dalí. Y, además, afirmó un poco después: "No temas la perfección. ¡Jamás la conseguirás!".

El 11 de noviembre de 1951 Dalí dictó en Madrid, en el teatro María Guerrero, una de sus más famosas conferencias: "Picasso y yo", a la que asistió la flor y nata de la intelectualidad y la sociedad españolas. En ella hizo un panegírico del dictador Franco, trató de explicar su misticismo paranoico-crítico y plasmó una de sus más celebradas parrafadas:

> Como siempre, pertenece España al mundo de los máximos contrastes. Esta vez en la persona de los dos pintores más antagónicos de la pintura contemporánea: Picasso y yo, servidor de ustedes... Picasso es español; yo, también; Picasso es un genio; yo, también; Picasso tendrá unos setenta y dos, y yo tendré unos cuarenta y ocho. Picasso es conocido en todos los países del mundo; yo, también. Picasso es comunista; yo, tampoco.

A comienzos de 1950 Looten, un poeta belga, regaló a Dalí un cuerno de rinoceronte. A partir de ese momento las astas de este perisodáctilo se convirtieron en una obsesión para el pintor, en uno de sus múltiples íconos. Basados en ellos pintó *Rinoceronte en desintegración*, *Joven virgen autosodomizada por los cuernos de su propia castidad* (obra de carácter erótico, una de sus mejores de esta época, que forma parte de la Playboy Collection), *Dalí desnudo*, y su particular versión de *La encajera* de Vermeer. El 17 de diciembre de 1955 fue el momento cumbre de su rinomanía. Ese día dictó en La Sorbona una conferencia titulada "Aspectos fenomenológicos del método paranoico-crítico", a la que llegó en un Rolls Royce descapotable, repleto de coliflores. Su bien argumentada charla subyugó a todo el mundo. Hiló perfectamente la tesis de que las coliflores, los girasoles y los culos de los rinocerontes comparten una morfología común basada en espirales logarítmicas. Y la demostró fehacientemente, para asombro, incredulidad y risa de todo el mundo. Fue uno de los momentos de más dulce e irónica brillantez de su vida.

Ese mismo año de 1955, unos meses antes del episodio de La Sorbona, Dalí conoció en un baile benéfico en Nueva York a Nanita Kalaschnikoff, madrileña de origen e hija del escritor español de novelas galantes José María Carretero. Rica, bonita, famosa y elegante, deslumbró desde el primer momento al pintor, su destino estaba en la anatomía: tenía un cuerpo escultural. Casada con un ruso, tenía tres hijas y era personaje habitual en las reuniones de la alta sociedad neoyorkina. Pronto se hicieron amigos. Gala tuvo bastantes celos de la bella española y no cabe duda de que Dalí la llegó a querer y se hizo pronto imprescindible para su bienestar y seguridad emocional; su musa, por otra parte, era cada vez más descaradamente promiscua y es probable que lo único que los mantenía unidos fuera su mutuo interés por el dinero y el éxito.

Tres años más tarde, tal como se constata en su *Diario de un genio*, publicado en 1964, el pintor escribe una serie de sentencias que resumen soberanamente lo que fueron estos años locos de los cincuenta, en los que regresa a España pero sin desconectarse en absoluto del mundo; regresa a su Cataluña natal, adonde iba para descansar, inspirarse, pintar y tomar energía, pero que abandonaba tan pronto el frenesí mundano de las grandes ciudades lo convocaba. Primero de septiembre de 1958:

> Es difícil mantener despierta la atención del mundo por más de media hora seguida. Yo he conseguido hacerlo durante más de veinte años. Mi lema ha sido: "Que se hable de Dalí, aunque sea

para bien". Jamás, jamás, jamás, jamás el exceso de dinero, de publicidad, de éxito o de popularidad me ha dado —aunque sólo sea un segundo— ganas de suicidarme... sino todo lo contrario, siempre me ha gustado. ... Me alcanzan en la puerta para preguntarme: "¿Qué es la moda?" "¡Lo que pasa de moda!", contesto.

Escándalos postreros

Los asuntos económicos de los Dalí crecieron tanto que a principios de los sesenta debieron contratar un jefe financiero, que además cumpliría con tareas de "asesoría militar". La persona seleccionada fue Peter Moore, un ex espía inglés ya retirado. No tendría sueldo, pero sí una comisión por ventas del diez por ciento sobre todas las operaciones que se hicieran con la obra de Dalí, excepto dibujos y óleos. Esta manera de pagarle a Moore pronto llevaría a que este hombre ambicioso de alguna manera contribuyera a que Dalí se prostituyera como artista. El negocio de las reproducciones que el pintor firmaba en serie le daba cotidianamente mucho dinero, que Gala se encargaba de no declarar a impuestos y de traficar con billetes y monedas contantes y sonantes, pero también de gastar a manos llenas. Peter Moore confesó en sus memorias que sólo su labor de comisionista de Dalí le produjo, en los doce años que trabajó con él, de seis a siete millones de dólares.

En el verano de 1962 Gala cumplió sesenta y ocho años. A pesar de su edad, ella se empeñaba en aparentar ser joven: se teñía el pelo, a veces usaba peluca, se aplicaba inyecciones rejuvenecedoras, se hacía cirugías para disimular sus ya marcadas arrugas y acudía a cualquier fórmula que le permitiera mantenerse bella y atractiva, no para su esposo, sino para los jóvenes a los que seducía y llevaba como ninfómana a su tálamo. Gastó fortunas ingentes prometiendo ayudarles para abrirse camino en el cine o para hacerse automovilistas de fórmula. Muchos de ellos la engañaban y le robaban dinero u objetos de valor; incluso una vez le hurtaron su auto, mientras cenaba en un restaurante con una de sus jóvenes conquistas. William Rotlein fue un caso muy especial. Este joven toxicómano, que conoció en Nueva York, prácticamente la enloqueció. Hizo que abandonara las drogas y aplicó en él, aparte de su furor sexual, sus instintos maternales. Se lo llevó a vivir a España y luego lo llevó a recorrer con ella Italia y Francia. A su amiga Mara Albaretto le confesó que el joven era el mejor amante que había tenido nunca, salvo Paul Éluard, y que Dalí como amante era un fiasco, deplorable. Sus declaraciones de amor eran constantes y, por un tiempo, Dalí pensó que Gala lo iba a abandonar por el joven. Se conservan algunas misivas donde el pintor le ruega a Gala que regrese pronto a su lado. Seguía siendo patética su dependencia de ella. Claro, no tenía casi familia y sus amistades eran realmente muy pocas. Existen huellas documentales de estas aventuras de la mantis Gala, pero las pruebas fotográficas fueron compradas a los *paparazzi* para evitar un escándalo que afectara la carrera del pintor. La relación vino a terminar sólo cuando Rotlein no dio la talla para unas pruebas de actuación que le hizo Fellini y ella decidió enviarlo en avión de regreso a Estados Unidos. El chico murió poco tiempo después de una sobredosis de droga.

La promiscuidad insaciable de Gala dolía mucho a Dalí, que se encerraba cada vez más en sus obsesiones y limitaciones sexuales. Se rodeaba de gente guapa, de aspecto andrógino, para aparentar, quizás, que era activo y completamente normal en su vida sexual y afectiva; pero nada más lejos de la verdad, pues el principal problema del pintor era su agobiante y tenaz neurosis sexual.

Durante la década de los sesenta Dalí hizo infinidad de exposiciones en diversos países, incluido Japón. Fueron muchas retrospectivas de su obra las que se hicieron. Pero tal vez una de las más importantes fue la que se inauguró el 18 de diciembre de 1968 en la Galería de Arte Moderno de Huntington Hartford, que tuvo préstamos de las colecciones de Morse y James. Cerca de 300 obras de distinto formato y técnica se expusieron, particularmente las elaboradas en los últimos años, como *Concilio ecuménico*, *El descubrimiento de América por Cristóbal Colón*, *La batalla de Tetuán*, *La estación de Perpiñán*, *La apoteosis del dólar*, entre otras. Carlton Lake, en su libro sobre Dalí, en el cual describe esta magna exposición, afirma que el pintor lo que quería era satisfacer su propio afán de exhibicionismo y no lo que decía querer: que el verdadero arte debe representar fielmente lo que el artista ve en el mundo exterior; Dalí lo que hacía era reconvertirlo todo, manipularlo, para atender a sus propios intereses de lucimiento. Describió largamente la gama completa de sugerencias narcisistas y homosexuales evidentes en las obras expuestas y su obsesión por la felación.

Le Carrousel, un famoso club nocturno de travestis, era uno de los sitios preferidos de Dalí en París. Lo visitó con asiduidad desde el año sesenta. Allí conoció a April Ashley, una de las estrellas del espectáculo, a quien cortejó durante mucho tiempo porque quería pintarla desnuda. Ella se negó, pero le presentó a Peki d'Oslo, con quien Dalí estableció una muy buena relación desde el principio. Tanto April como Peki se habían operado para cambiar de sexo. Peki adoptó el nombre de Amanda y, como se casó con un estudiante escocés llamado Morgan Paul Lear, asumió su nacionalidad y su apellido, y se llamó desde entonces Amanda Lear. Bella, misteriosa y elegante, fue modelo de Ozzie Clark y se relacionó con Brian Jones, de los Rolling Stones, con David Bowie y Brian Ferry, los famosos músicos ingleses. Tenía una voz profunda a lo Marlene Dietrich y unas muy largas y sensuales piernas. Coincidió con Dalí en París, Barcelona y Nueva York. Su fascinación original por Amanda se derivaba de saber el pintor que ella era transexual, pero pronto le cogió cariño por ser una persona inteligente, sagaz, de trato gracioso, ambiciosa y con muchas ganas de aprender siempre. Sus encuentros fueron esporádicos pero intensos, y a ambos les gustaba e interesaba que se pensara que eran amantes. A él, para que no se pusiera en duda su masculinidad y a ella para sentir que tenía una especie de padre y para ayudarse en su carrera artística. De esta relación nació un libro escrito por ella que tituló *Le Dali d'Amanda*, en el cual narra su amistad con el pintor y describe con bastante detalle la llamada "corte daliniana" a la que perteneció un joven andrógino y atractivo artista colombiano, llamado Carlos Lozano, que conquistó el afecto del pintor, y a quien le ayudó bastante en su carrera artística.

Finalizando la década Dalí pintó dos de sus mejores cuadros de ese período: *La pesca del atún*, en el cual maneja el concepto de que el universo es finito y limitado, y *El torero alucinógeno*, un claro homenaje a su siempre presente amigo Lorca y a la fiesta nacional española, en el que emplea la técnica de las dobles imágenes y usa algunos elementos a la manera de De Chirico. Pero también es el homenaje a su hermano muerto prematuramente y a otros amigos ya desaparecidos... es su canto final a la amistad y una estratagema para exorcizar el fantasma y el miedo a la muerte.

Por esos años también el pintor estaba ya metido de lleno en una de sus prácticas más peligrosas y denigrantes: la firma de hojas litográficas en blanco. Uno de sus editores franceses, concretamente Pierre Argillet, lo convenció de usar este método para evitar tener que viajar a París a firmar las litografías el día que debían ponerse a la venta. El editor ofreció pagarle diez dólares más por cada hoja firmada así y el pintor, que fue capaz de firmar hasta mil hojas por hora, aceptó complacido el ofrecimiento: en un día llegó a embolsillarse hasta cien mil dólares por este concepto. Se obsesionó tanto con esto que incluso firmaba hojas a escondidas durante horas y horas. A Dalí nunca le preocupó saber cuántas láminas realmente se tiraban, si las placas se conservaban o destruían después de la impresión o qué pasaba con ellas. A él lo único que le importaba era ganar dinero: "Avida Dollars". La situación llegó a ser tan degradante que una vez en 1974 la aduana francesa detuvo una camioneta con un cargamento de hojas litográficas en blanco firmadas por Dalí, procedente de Port Lligat; en total eran 40 mil e iban destinadas para un editor francés residenciado en Estados Unidos. No lo pudieron detener porque la importación de tales hojas no estaba expresamente prohibida por la legislación francesa.

En 1968 Dalí conoció en París a un joven gascón llamado Jean-Claude du Barry. Era dueño de una agencia de modelaje en Barcelona. Pronto entró al círculo de los más cercanos del pintor por cumplir una misión muy especial para la pareja: conseguir jóvenes que satisfacieran las necesidades sexuales de Gala y Salvador. Y a fe que lo hizo muy bien, porque Dalí lo apodó su *officier du culs*. El pintor se bastaba con mirar y ser admirado, pero Gala era insaciable en sus apetitos carnales. Su misión para ella terminó hacia 1973 cuando la pérfida rusa se encaprichó primero con un estudiante llamado Michel Pastore y luego con el último gran amor de su vida, el intérprete de Cristo en *Jesucristo Superstar*, Jeff Fenholt. Fueron amantes siete años, durante los cuales el actor pasó largas temporadas con Gala en el castillo que Dalí le había regalado en Púbol y que en ese momento era su residencia particular e inexpugnable para el pintor. Esta relación le costó al artista una fortuna. Gala le regaló al actor cuadros de Dalí, joyas, objetos preciosos y hasta una casa en Long Island que costó más de un millón de dólares. Luego de la ruptura, Fenholt se volvió predicador televisivo y negó haber tenido con Gala algo más allá de una amistad. Dijo: "¿A quién se le ocurriría acostarse con una vieja? Era sencillamente inconcebible".

Teatro-Museo

El 8 de noviembre de 1960 Dalí y Gala habían firmado testamento. Todos sus bienes materiales irían a partes iguales para la hija y hermana de la rusa. Toda su obra artística iría al Museo del Prado. Sin embargo, el alcalde de Figueras, Ramón Guardiola Rovira, en mayo de 1961 le propuso a Dalí que donara algunos cuadros al museo de su ciudad natal. Sin embargo, éste replicó que mejor quería un museo para él solo en Figueras, y que debía ser en el viejo Teatro Principal, destruido durante la Guerra Civil por un incendio, en el que había expuesto por primera vez en 1918, a la edad de catorce años, sus primeros cuadros; si reconstruían el teatro Dalí donaría obras para él. Tras llegar a un acuerdo satisfactorio con las autoridades locales y crearse el patronato pro-museo, se celebró una corrida de homenaje al pintor el 12 de agosto de 1961 y después de descubrirse una placa en su casa natal éste anunció la creación de su museo.

Fueron muchos los avatares por los que debió pasar el proyecto: continuos cambios de opinión de Dalí con respecto al mismo, celos burocráticos, envidias y un sinfín de imprevistos y dificultades que retardaron su avance y coronación. Pero finalmente, en mayo de 1974, cuando Dalí donó una de sus obras más queridas al Teatro-Museo —*Cesta de pan*— y se reunió con Franco y el príncipe Juan Carlos en Madrid, Ramón Guardiola sintió que por fin su anhelado sueño se iba a cumplir. Se dieron los toques finales a los estatutos de la fundación y se definió quiénes estarían en su junta directiva.

En junio siguiente el pintor fue operado de una hernia inguinal; pero antes, por precaución, decidió modificar su testamento de 1960, aunque sólo en la parte relativa a sus posesiones artísticas, que las dejaba todas ahora al Teatro-Museo de Figueras, bajo la dirección del Patrimonio Nacional.

El 28 de septiembre se inauguró solemnemente el Teatro-Museo, coronado por una cúpula geodésica diseñada por Pérez Piñero, acto al cual asistió una gran cantidad de personajes de la política y gentes del común. La ceremonia contó con la presencia de más de mil personas, aunque con pocos artistas de renombre. De todas maneras, era su fiesta y estaba en olor de multitud. Gala llevó para la ocasión a un esquivo Jeff Fenholt y Dalí se hizo acompañar de Amanda Lear, radiante y hermosa, quien no lo desamparó ni un solo instante. Si bien no había grandes obras en la fecha de la apertura, posteriormente el Teatro-Museo iría adquiriendo un importante patrimonio artístico.

Tres años antes había sido inaugurado en Cleveland (Beachwood) el Museo Dalí, el 7 de marzo de 1971. En Alemania (Baden Baden) se hizo una gran retrospectiva de su obra y se publicó en Francia una antología con todos sus escritos titulada *Sí, Dalí*. Durante esta década ya algunos museos importantes hicieron retrospectivas de su obra y los críticos empezaron a hacer balance de sus aportes al arte del siglo XX. El fin de la dictadura en España con la muerte de Franco, en noviembre de 1975, y la paulatina instauración de la democracia, le generaron muchas situaciones embarazosas y malentendidos. Su salud tampoco atravesaba por buenos momentos; de hecho, en junio de 1977 el pintor debió ser operado de urgencia en una clínica de Barcelona por una prostatitis, circunstancia que lo desanimó bastante y lo hacía ver menos animoso y vital que la insaciable Gala, que gastaba dinero a manos llenas con sus amantes. Los inacabables escándalos con las firmas de papeles litográficos en blanco, los líos con sus administradores, la pérdida cada vez más evidente de sus recursos pictóricos y sus habilidades creativas, obligaban a pensar a todo el mundo que el pintor estaba ya entrando en la decadencia. Como en efecto estaba sucediendo.

La década se cerró con el estreno de la película *Babaouo* —basada en su libro de los años treinta del mismo título— en abril de 1978. Presentó sus pinturas hiperestereoscópicas en el museo Guggenheim, y en mayo se posesionó como miembro asociado de la Academia de Bellas Artes del Instituto de Francia. Lo hizo a su estilo, vestido a la manera napoleónica, con una espada toledana cuyo puño representaba la cabeza de Gala coronada por el cisne de Leda. Su discurso de investidura lo tituló "Gala, Velásquez y el Toisón de Oro". Farragoso y poco enjundioso, el discurso generó bastantes comentarios. Uno de ellos, del académico Michel Déon, llamó la atención al expresar su esperanza de que Dalí ahora sí abandonaría sus fantochadas: era un hombre de talento que no necesitaba hacer el payaso para que su obra se reconociera. Y finalmente, en el Centro Georges Pompidou, entre diciembre de 1979 y abril de 1980, para terminar de inmortalizarlo, los franceses hicieron la más ambiciosa antología de su obra. Al verla toda dispuesta, Dalí exclamó: "¡Nunca pensé que había tenido tiempo para pintar tanto!".

El día de la inauguración oficial de la exposición se presentó una huelga de trabajadores del museo y nadie pudo entrar. Dalí se solidarizó con ellos, pero Gala se enfadó bastante. Dicen que el pintor escribió en el catálogo: "Este 18 de diciembre de 1979 termina, hasta su próximo escándalo, la vida pública de Salvador Dalí". La antología se centró en el período surrealista e incluyó 120 cuadros, 200 dibujos y más de 2 mil documentos, y no tuvo en cuenta los últimos 35 años de producción. Fue absolutamente espectacular, como lo fue la vida del pintor.

Decadencia y muerte

En febrero de 1980 Dalí sufrió una fuerte gripa, de la cual tardó bastante en recuperarse. Esto le produjo mucha desazón, por lo que Gala empezó a darle sedantes, especialmente valium, sin prescripción médica. Como los medicamentos lo mantenían bastante aletargado, la rusa empezó a darle también estimulantes. Estas cantidades variables y antagónicas de sustancias psicoactivas finalmente le produjeron daños neurológicos irreversibles expresados sobre todo con un incontrolable temblor de su mano derecha, que le impedía pintar adecuadamente.

Michael Stout y Nanita Kalaschnikoff cuidaron con esmero del pintor y era evidente que a Gala le causaba repulsa ocuparse de su marido. Durante parte de marzo y abril internaron a Salvador en una clínica privada de Torremolinos, lejos de los ojos y oídos curiosos de la prensa sensacionalista. Luego fue trasladado a Port Lligat y de allí a la clínica Puigvert de Barcelona, donde se apreció alguna mejoría. Hay quien se atreve a decir que Gala fue la principal responsable del agravamiento de Dalí y que es muy probable que ella hubiera intentado acabar con la vida del pintor a punta de pastillas. Reynolds Morse escribiría en una carta de entonces: "Comprobamos bastante bien que con los negligentes cuidados de Gala y los métodos terroristas de Sabater, Dalí había quedado reducido a una sombra de lo que había sido". Apenas hasta el mes de octubre el pintor vino a recuperarse de su grave enfermedad tras una larga convalecencia, y para celebrarlo dio una rueda de prensa internacional en Barcelona a la que llegó diciendo "ya estoy aquí" y le mostró a los periodistas que el temblor de su mano derecha ya prácticamente había cesado y que, por tanto, ya estaba trabajando. Sin embargo, un artículo publicado en enero siguiente por la revista *Elle* mostraba una situación bastante dramática de su estado: "La verdad es que Dalí ha perdido su deseo de vivir... Estamos asistiendo a un suicidio. Sencillamente porque Gala ya no se ocupa de él. Ella tiene ochenta y seis años y sólo dos o tres horas de lucidez al día, y las usa para pensar en Jeff... Dalí se moría como un bebé abandonado...".

La situación con Gala se tornaba cada vez más difícil; ella insistía en viajar a Nueva York, pero el pintor se oponía tenazmente. No quería que un nuevo encuentro de su esposa con Jeff se convirtiera en otra enorme pérdida de recursos para las arcas familiares. El 17 de febrero de 1981, al amanecer, en el hotel Meurice de París, la pareja tuvo una violenta pelea. Gala le había puesto un ojo morado a Salvador y éste, al tirarla de la cama, le había roto dos costillas y le había hecho bastantes contusiones en brazos y piernas. Ella debió ser hospitalizada por este incidente. Cuando se recuperó, la pareja viajó en julio, contra los deseos de Gala, a Port Lligat, en vez de a Nueva York.

Dalí fue recibido en su tierra como todo un personaje de fama universal y fue visitado en su residencia por distintas personalidades, entre ellos el presidente del gobierno de Cataluña, Jordi Pujol, y por los propios reyes de España, que le concedieron en diciembre la Gran Cruz de la Orden de Carlos III, la más alta condecoración que otorga el Estado español. Luego, en el marzo siguiente, le impusieron la Medalla de Oro de la Generalitat de Catalunya.

Gala debió ser operada de urgencias en Barcelona por un problema de vesícula a finales de ese año. Se recuperó satisfactoriamente y regresó a casa. Allá, el 24 de febrero de 1982, se cayó por una escalera, a los dos días se resbaló en la bañera y se rompió el fémur. Fue trasladada primero a Figueras y luego a Barcelona, donde fue operada de nuevo. En mayo su situación era bastante crítica, hasta el punto de que le aplicaron los santos óleos. Dalí ordenó que prepararan la tumba para ambos en el castillo de Púbol. En algún momento de lucidez y mejoría, Gala llamó a Amanda Lear y le pidió que cuidara de Dalí cuando ella faltara. Helena Ivánova Diákonova falleció el 10 de junio de 1982, a las 6:00 a.m., en Port Lligat por causa de una "arteriosclerosis senil"; sin embargo, el certificado oficial de defunción dice que fue a las 2:15 p.m. de ese día por un "paro cardiorrespiratorio" en el castillo de Púbol (este tiempo fue el que necesitaron para trasladarla muerta desde un sitio a otro y ahorrarse los engorrosos trámites judiciales del traslado del cadáver). Gala fue embalsamada y enterrada al atardecer del 11 de junio sin la presencia del pintor ni de su hija, a la que sistemáticamente se negó a recibir en los últimos tiempos y a la que quiso desheredar. Su muerte parece que fue un alivio para el pintor, dado que en los últimos tiempos su relación era desastrosa; no obstante, su muerte lo apabulló. Cécile, su hija, recibió en justicia su debida herencia, gracias a las leyes españolas.

Dalí se trasladó a vivir al castillo y el gobierno y la Corona españoles redoblaron sus atenciones al pintor; no en vano iban a heredar el tesoro invaluable de su colección de arte. El 20 de julio de 1982, para gozosa satisfacción de Salvador, le concedieron el título de marqués de Dalí y Púbol. Sin embargo, el declive del artista fue rampante, Gala era muy importante para él a pesar de sus diferencias y peleas de los últimos tiempos. Alguna vez había dicho: "Si Gala desapareciera, nadie podría ocupar su lugar. Es imposible. Me quedaría completamente solo". Según Mara Albaretto, "Gala era el principal sostén, la fuerza de voluntad. Y se había ido. Dalí se sentía como un niño abandonado por su madre".

Según Robert Descharnes, la última obra que pintó Dalí fue *La cola de la golondrina*, en mayo de 1983, pero no alcanzó a estar en la antología que se hizo del pintor el anterior abril en el Museo Español de Arte Contemporáneo, *Cuatrocientas obras de Salvador Dalí de 1914 a 1983*. Algunos dudan de la autenticidad de esta obra. Por su precario estado de salud y su alicaído ánimo no asistió a la inauguración, pero envió una nota de agradecimiento a la familia real española, que en cabeza del Príncipe de Asturias la había representado inaugurando la colosal muestra.

Dalí prácticamente no volvió a aparecer en público, su depresión y sus dolencias generales lo obligaban a estar bajo el cuidado constante de una enfermera. Muchas fueron las que pasaron por su habitación, porque prácticamente ninguna se aguantaba su mal genio, sus gritos, escupitajos, sus agresiones o sus deposiciones en la cama. En la noche del 30 de agosto de 1984 se produjo un incendio en la habitación. La enfermera de turno no se dio cuenta inicialmente de la situación, y cuando reaccionó y acudió en ayuda del pintor, éste ya había sufrido quemaduras graves en una de sus piernas, las nalgas y el perineo. Por esta razón fue trasladado a una clínica de Barcelona donde le realizaron, el 5 de septiembre, un injerto de piel, que prendió adecuadamente. Nunca se pudo establecer con claridad si hubo negligencia de quienes debían cuidarle.

En los años siguientes sus condiciones no cambiaron sustancialmente. El 27 de noviembre de 1988 Dalí tuvo que ser hospitalizado por precaución en Barcelona por causa de una complicación cardiorrespiratoria. El 14 de diciembre se le dio de alta, pero el 22 de ese mes debió ser tratado en el hospital de Figueras de una hemorragia gástrica no complicada. El 18 de enero de 1989 de nuevo tuvo que ser hospitalizado por una neumonía complicada con insuficiencia cardiaca. El 20 de enero le administraron la extremaunción y el 21 de enero el alcalde de Figueras reveló que Dalí había cambiado su voluntad de ser enterrado junto a Gala y que había decidido que fuera en el Teatro-Museo, anuncio que fue cuestionado por muchas personas. Escándalos hasta el último momento. Finalmente Dalí murió a las 10:15 de la mañana del lunes 23 de enero de 1989, en presencia de tres personas. La causa fue "una insuficiencia cardiaca, asociada a una neumonía, evolucionando de forma irreversible a una insuficiencia respiratoria severa con paro cardiorrespiratorio". Arturo Caminada, su fiel criado, relató así los últimos momentos del genio: "Le he cogido la mano, una mano muy caliente, y él me ha mirado con esos ojos tan tremendamente bonitos que tenía. Luego los ha cerrado. Seguíamos cogidos de la mano. Un calor muy extraño ha invadido su cuerpo y sus ojos han vuelto a abrirse, pero ya no para mirarme a mi sino a la muerte".

Dalí fue embalsamado igual que Gala y amortajado con una túnica de seda de color beige, que tenía bordadas una corona de oro y la letra D. La capilla ardiente fue en la Torre Galatea, donde lo tuvieron hasta el 26 de enero. Esa tarde fue el oficio fúnebre, al que asistió una importantísima representación de los gobiernos central y de Cataluña. La plaza y la iglesia estaban repletas. Y los principales medios de comunicación del mundo dieron cuenta del hecho. No podían hacer menos, pues Dalí fue uno de sus productos más mimados y queridos. Un auténtico genio del mercadeo, un artista del escándalo.

Cronología

1904: Nace el 11 de mayo en Figueras, Gerona (España), como Salvador Domingo Felipe Jacinto Dalí, hijo de Salvador Dalí Cusí y de Felipa Doménech. Cuatro años más tarde nace su hermana Ana María.

1911: Estudia en la escuela pública.

1914: Comienza estudios con los hermanos maristas. Pinta su primer cuadro: *Autorretrato: Niño enfermo.*

1918: Su pintura es influida por los pintores realistas del siglo XIX y luego por el impresionismo y por el puntillismo. Descubre el cubismo y a Juan Gris. Expone dos cuadros, con treinta artistas locales, en el teatro de Figueras.

1919: Edita con unos compañeros la revista *Studium.* Participa en la agitación política estudiantil. Publica un libro de poemas: *Quand les bruits s'endorment.*

1921-1922: Estudia en la Escuela de Bellas Artes de San Fernando, en Madrid. Conoce a García Lorca y a Buñuel. Pinta con trazos clásicos. Experimenta con el cubismo. En octubre expone ocho telas en galerías Dalmau de Barcelona. Muere su madre.

1923-1924: Es suspendido de la Academia de San Fernando, acusado de incitar a la rebelión estudiantil en contra de las autoridades, y encarcelado 35 días por supuesta subversión. Pasa las vacaciones en Cadaqués con García Lorca.

1925: Retorna a la Academia de San Fernando. Pinta retratos de su padre, de su hermana y paisajes de Cadaqués. Experiencia cubista: pinta *Arlequín.*

1926-1927: Es expulsado definitivamente de la Escuela de Bellas Artes debido a su comportamiento extravagante. Segunda exposición en galerías Dalmau.

1927: Presta el servicio militar. Viaja a París y conoce a Picasso. Pinta *La miel es más dulce que la sangre*, primera tela surrealista. Lo visita Joan Miró.

1928: Nueva visita a Paris. Miró lo introduce en los grupos dadaístas y surrealistas. Publica el *Manifest groc (Manifiesto amarillo).*

1929: Conoce a Gala, esposa del poeta Paul Éluard. Ella se convertirá más tarde en su amante, su musa y su inspiración. Pinta *El gran masturbador.*

1931: Pinta *La persistencia de la memoria.*

1934: La obra *El enigma de Guillermo Tell* ofende al grupo surrealista y le lleva a un intercambio de opiniones con André Breton. Gala y Dalí se casan el 30 de enero, en ceremonia civil. Entre noviembre y diciembre expone en Londres, en la galería Zwemmer. Viaja por primera vez a Nueva York.

1935: Con *La conquista de lo irracional* define la actividad paranoico-crítica.

1936: Comienza la Guerra Civil española y se conoce la noticia de la muerte de García Lorca. Pinta *El gabinete antropomórfico*, *Alrededores de la ciudad paranoico-crítica.* Segundo viaje a Estados Unidos. Realiza un escaparate para los grandes almacenes Bonwit-Teller, que más tarde se encarga de destruir. Pinta *Construcción suave con judías hervidas.*

1937-1939: Tres viajes a Italia. Queda muy influido por los pintores del Renacimiento y de la época barroca. Pinta luego *Recuerdos de África, El enigma sin fin* y *Gala gradiva.* Conoce en Londres, por intermedio de Stefan Zweig, a Sigmund Freud.

1939: Se separa definitivamente de los surrealistas. Tercer viaje a Estados Unidos. Publica un folleto titulado *Declaración de independencia de la imaginación y de los derechos del hombre a su propia locura.* Hitler invade Polonia y se inicia la Seguna Guerra Mundial.

1940: Cuando los alemanes invaden Francia, pasa a España; luego, desde Lisboa, parte para Estados Unidos, donde permanece hasta 1948. Pinta *Autorretrato blando con tocino asado*, que traduce su nueva fórmula de vida americana.

1941-1942: Primera gran exposición retrospectiva en el Museo de Arte Moderno de Nueva York.

1942: Escribe su autobiografía, *La vida secreta de Salvador Dalí*, publicada en 1943.

1944: Publica su novela *Los rostros ocultos.*

1945: Trabaja con Walt Disney en el proyecto de un film animado llamado *Destino.* Diseña *Secuencias de sueño* para la película de Alfred Hitchcock *Spellbound.*

1948: Regresa a Europa, directamente a Port Lligat.

1949: Diseña producciones para Peter Brook y Luchino Visconti. Pinta *Leda Atómica* y su primer lienzo de gran tamaño: *La Madonna de Port Lligat.*

1951: Escribe *Manifiesto místico*, donde explica su misticismo nuclear. Pinta *El Cristo de San Juan de la Cruz.*

1954: Pinta *Corpus Hypercubicus.* Gran retrospectiva en Roma. Pinta *Los dos adolescentes, Joven virgen autosodomizada por los cuernos de su propia castidad.*

1956: Se expone *La última cena* en la National Gallery de Washington.

1958: Dali y Gala se casan en una ceremonia religiosa en Gerona, España.

1959-1963: Termina *Descubrimiento de América por Cristóbal Colón* y *La batalla de Tetuán.* Pinta el *Retrato de mi hermano muerto*, con el que se anticipa al pop art.

1964: El diario japonés *Mainichi* organiza una gran retrospectiva suya en Tokio.

1966: Trabaja sobre *El arte en tres dimensiones*, y crea su primera gran escultura: *Busto de Dante.* Medita sobre los hologramas y el rayo láser.

1968-1969: Publica un panfleto llamado *Mi revolución cultural*, el cual es distribuido entre los estudiantes amotinados en París. Pinta *Torero alucinógeno.*

1971: Inauguración del Museo Dalí de Cleveland (Beachwood), Ohio, el 7 de marzo. Termina el segundo gran panel del techo del Museo Dalí de Figueras.

1972: La Knoedler Gallery exhibe sus hologramas.

1974: Se inaugura el Teatro-Museo Dalí, en Figueras.

1978: Presenta sus pinturas hiperestereoscópicas en el museo Guggenheim. En mayo es aceptado en la Academia de Bellas Artes de París.

1982: El 10 de junio muere Gala. Un mes más tarde Dalí es nombrado marqués de Pubol, donde vive en lo sucesivo, en el castillo que había ofrecido a Gala.

1983: Creación del perfume Dalí. Retrospectivas en Madrid y Barcelona.

1984: Sufre quemaduras al incendiarse su dormitorio en el castillo de Púbol.

1989: Muere el lunes 23 de enero en la Torre Galatea, en la que vivió desde el incendio en Púbol. Reposa en la cripta de su Teatro-Museo de Figueras. Por testamento, cede el conjunto de sus bienes y de su obra al Estado español.

Principales obras

Figura en una ventana, 1925. Óleo sobre lienzo.

Aparato y mano, 1927. Óleo sobre panel.

La miel es más dulce que la sangre, 1927. Óleo sobre lienzo.

Cenicitas, 1927-1928. Óleo sobre panel.

Diálogo en la playa (los deseos insatisfechos), 1928. Óleo, conchas y arena sobre cartón.

El juego lúgubre, 1928. Óleo y *collage* sobre cartón.

El gran masturbador, 1929. Óleo sobre lienzo.

Un perro andaluz, 1929. Película, con Luis Buñuel.

La edad de oro, 1930. Película, con Luis Buñuel.

Guillermo Tell, 1930. Óleo sobre *collage*.

La persistencia de la memoria, 1931. Óleo sobre lienzo.

Venus del Milo con cajones, 1936. Bronce blanqueado y botones de armiño, con Marcel Duchamp.

Gabinete antropomórfico, 1936. Óleo sobre madera.

Construcción blanda con judías hervidas (premonición de la guerra civil), 1936. Óleo sobre lienzo.

El enigma sin fin, 1936. Óleo sobre lienzo.

Jirafa ardiendo, 1936. Óleo sobre madera.

Teléfono bogavante, 1936. Yeso pintado.

Retrato de Sigmund Freud, 1937. Tinta china y aguada sobre fondo gris.

Era una mujer surrealista, era como la figura de un sueño, vitrina del almacén Bonwit Teller de la Quinta Avenida de Nueva York, 1936.

Taxi lluvioso, instalación en la Exposición Surrealista Internacional de París en 1938.

Recuerdos de África, 1938. Óleo sobre lienzo.

Complejo de Narciso, vitrinas del almacén Bonwit Teller de la Quinta Avenida de Nueva York, 1938.

Sueño de Venus, 1939. *Happening* en la Exposición Universal de Nueva York.

Declaración de independencia de la imaginación y de los derechos del hombre a su propia locura, 1939. Panfleto.

Autorretrato blando con tocino frito, 1941. Óleo sobre lienzo.

Mi mujer desnuda contemplando su propio cuerpo transformándose en escalones, tres vértebras de una columna y arquitectura, 1945. Óleo sobre madera.

Galarina, 1945. Óleo sobre lienzo.

Leda atómica, 1949. Óleo sobre lienzo.

La madonna de Port Lligat, 1949. Óleo sobre lienzo.

Cristo de San Juan de la Cruz, 1951. Óleo sobre lienzo.

Joven virgen autosodomizada por los cuernos de su propia castidad, 1954. Óleo sobre lienzo.

Dos adolescentes, 1954. Óleo sobre lienzo.

La última cena, 1955. Óleo sobre lienzo.

Descubrimiento de América por Cristóbal Colón, 1958-1959. Óleo sobre lienzo.

El Concilio Ecuménico, 1960. Óleo sobre lienzo.

Antonio María Flórez Rodríguez

La batalla de Tetuán, 1962. Óleo sobre lienzo.
Retrato de mi hermano muerto, 1963. Óleo sobre lienzo.
La pesca del atún, 1964-1965. Óleo sobre lienzo.
Mi revolución cultural, 1968. Panfleto.
El torero alucinógeno, 1970. Óleo sobre lienzo.

Bibliografía

Bretón, André, *Manifiestos del surrealismo,* Guadarrama, Madrid, 1974.

Buñuel, Luis, *Mi último suspiro,* Plaza & Janés, 2ª edición, Barcelona, 1983.

Cabanne, Pierre, *El siglo de Picasso,* tomos I y II, Ministerio de Cultura, Madrid, 1982.

Carmona, Ángel, *Dalí no está loco,* Ediciones G. P., Barcelona, 1963.

Dalí, Sociedad Estatal de Conmemoraciones Culturales, Barcelona, 2003.

Dalí, Ana María, *Salvador Dalí visto por su hermana,* Parsifal, Barcelona, 2001.

Dalí, Salvador, *Diario de un genio,* Tusquets, 4ª edición, Barcelona, 2002.

———, *El mito trágico de* El Ángelus *de Millet,* Tusquets, Barcelona, 2004.

———, *Los cornudos del viejo arte moderno,* Tusquets, 4ª edición, Barcelona, 2002.

———, *Rostros ocultos,* Destino, Barcelona, 2004.

———, *Sí,* Ariel, Espulgues de Llobregat, 1977.

———, *Vida secreta de Salvador Dalí,* Dasa Edicions, Figueras, 1981.

——— y Federico García Lorca, *Los putrefactos*, Residencia de Estudiantes, Madrid, 1998.

——— y André Parinaud, *Confesiones inconfesables*, Destino, Fundación Gala-Salvador.

Descharnes, Robert y Pilles Néret, *Dalí. La obra pictórica*, Taschen, Colonia, 1997.

Durozoi, Gérard y Bernard Lecherbonnier, *El surrealismo*, Guadarrama, Madrid, 1974.

García Lorca, Federico, *Antología comentada* (I, poesía, Eutimio Martín editor), Ediciones De la Torre, Madrid, 1988.

Gibson, Ian, *La vida desaforada de Salvador Dalí*, Anagrama, 2ª edición, Madrid, 1998.

———, *Vida, pasión y muerte de Federico García Lorca*, Plaza & Janés, 2ª edición, Barcelona, 1998.

Gil, Ildefonso-Manuel, *Federico García Lorca*, Taurus, Madrid, 1980.

Gombrich, Ernst H., *La historia del arte*, Debate, Madrid, 1997, pp. 590-597.

Junqueira, J. J., *Historia universal de la pintura*, Espasa, Barcelona, 2001, pp. 953-970.

Passuon, R., *Enciclopedia del surrealismo*, Polígrafa, Barcelona, 1982, pp. 142-148.

Perrone, Alberto M., *Salvador Dalí, escándalo, transgresión y genio*, Longseller, Buenos Aires, 2001.

Sánchez Vidal, Agustín, *Buñuel, Lorca, Dalí: el enigma sin fin*, Planeta, Barcelona, 1996.

Thurlow, Clifford, *Sexo, surrealismo, Dalí y yo*, RBA Libros, Barcelona, 2001.

En internet

www.escriptors.com/autors/dalis/idees.html
www.xtec.es/malons22/personal/manifiestos.htm Surrealisme12
www.creative.net/-alang/lit/surreal/writers.sht.dali.
www.tusquets-editores.es/lib_ficha_prn.cfm?Id=1560
www.arteyparte.com/actualidad/28.pdf
www.wayney.pwp.blueyonder.co.uk/uca.htm
users.skynet.be/godard/Galerie/S_Dali/Universalis/universalis.html
cvc.cervantes.es/actcult/cine/testimonios/personajes/personajes_02.htm
www.butler.edu/dance/drops/dali/dali.html
www.dali2004.org/lang.html
www.salvador-dali.org/
www.Salvador-Dali.net
www.salvadordalimuseum.org
www.dali-gallery.com
www.webcoast.com/Dali/
www.artcyclopedia.com/artists/dali_salvador.html
www.virtualdali.com/
www.highwayone.com/dali/daliweb.html
www.publispain.com/salvadordali/
www.artelino.com/articles/salvador_dali.asp
www.daliuniverse.com

Sumario

Este libro se terminó de imprimir en el mes de octubre
del año 2004 en los talleres bogotanos
de Panamericana Formas e Impresos S.A.
En su composición se utilizaron tipos
Sabon, Bodoni Poster y Akzidens Grotesk
de la casa Adobe.